中央财经大学"双一流"建设国际税收项目　中央财经大学标志性科研成果培育项目

百年变局中的国际税收改革

马海涛　总主编

REFORM OF INTERNATIONAL TAX GOVERNANCE IN THE DIGITAL ECONOMY

数字经济国际税收治理变革

3

案例、专题与评注篇

CASES, SUBJECTS AND COMMENTARIES

曹明星　王卫军　何　杨　编著

社会科学文献出版社
SOCIAL SCIENCES ACADEMIC PRESS (CHINA)

丛书序

当今世界正经历百年未有之大变局，数字化转型成为经济发展的新引擎。数字经济背景下，市场国征税权成为国际税收秩序世纪变革的重大战略变量。市场国征税权的兴起，使得当前的国际税收改革大大超越了原来的全球反避税范畴，谋求国际税收公平以改变国际经济失衡的单边、双边和多边规则，正在欧美主导的博弈中不断出台。而身为发展中国家且已是全球数字经济大国的中国，目前在税基安全、公平和发展的多重复杂目标下面临诸多抉择困惑。面对数字经济下国际税收管辖权分配的变化与创新，我们需要重新认知环境、明确立场，因为市场国征税权的竞争，关乎国家税收利益、世界产业格局，将极大地影响未来全球政治经济格局的塑造。

“数字经济国际税收治理变革”系列研究尝试对上述

问题做出初步解答。研究形成了三部在逻辑上构成整体而又各自自成体系的成果，分别是“理论、战略与政策篇”“挑战、应对与机制篇”“案例、专题与评注篇”。

第一部首先从政府贡献视角大胆对国家和国际税收基础理论进行创新，其次力图构造与升级经合组织的税基侵蚀与利润转移（BEPS）反避税战略，打造适应“一带一路”倡议的税基共建与利润共享（New-BEPS）国际税收合作战略，最后尝试厘清税收与经济利益的中国关切，并提出应对数字经济国际税收治理变革的中国方案。

第二部在全面认识数字经济本质和当前国际税收秩序的基础上，首先探寻当前国际税制落后于数字经济的矛盾焦点，其次剖析参与其中的各相关方采取的对策和专家学者给出的建议，最后给出税基共建与利润共享（New-BEPS）战略具体落地的安排。

第三部从纷繁芜杂的社会现实中搜寻关于数字经济国际税收改革的相关新闻和案例资料，从不同侧面认识当前的矛盾以及各方采取的对策，了解相关专家学者的建议，以对当前的数字经济国际税收改革全景有更清晰的认知。

“数字经济国际税收治理变革”系列研究，是本人和曹明星老师在中国财政发展协同创新中心规划的国际税收跨学科团队重点研究项目，是中央财经大学标志性研究成果之一，研究过程中得到李涛教授基于互联网与数字经济领域、白彦锋教授基于数字经济财税领域、林光彬教授基于政治经济学领域、白云真教授基于中国传统文化领域提供的专业咨询，他们的指导和建议对于研究视野的拓宽、研究内容的深化和研究成果的形成均有重大帮助，在此特致谢意！

虽然如此，我们还必须认识到，关于数字经济国际税收治理变革问题的研究，是当前哲学社会科学研究的前沿点和交叉点，显然也是困难点，无论是对于数字经济本质和特点的科学挖掘，对于国际税收基础理论创新的精心研究和继续深化，对于国际税收治理战略的建构和升级，还是对于国际税收治理变革中国政策应对策略的制定，都有极大的益处；加之经合组织改革方案框架已经出台，为了引起更多的讨论并形成更好的政策建议，在时间仓促、所虑甚多而着笔有限的情况下，本系列研究尝试抛出对这一重大全球治理问题的初步理解，问题肯定很多，错漏必然不少，欢迎业界专家和社会各界提出批评修改建议，以待我们后续改进完善。

马海涛

2022 年 3 月 12 日

前　言

本书作为“数字经济国际税收治理变革”系列研究的第三部，对当前围绕数字经济国际税收治理开展的斗争和变革，进行梳理、归纳，以便认清现实形势，找到正确的方向；同时，本书也是对前面两部内容材料的注释，以案例对其进行更深入的分析和探讨。

从组织架构上讲，本书将现有的案例按一定的逻辑归纳为九个主题，并做了简单评注，与读者朋友交流我们的观点。

一是高科技公司避税引发的争议。苹果公司、谷歌等知名公司现实活生生的案例告诉我们，世界并不是一片祥和，背后存在各种斗争。从矛盾入手来看世界，找到当前数字经济领域的矛盾点，这也是激起大家的兴趣，为什么我们要研究这一问题。

二是数字经济下的新商业模式。承接第一个主题提到的避税和反避税斗争，为什么原来的斗争没有这么激烈，现在却越来越难以把握，最重要的还在于经济基础发生了变化。蓬勃发展的数字经济就是各国生存发展的基础，而不适应的税制则造成分配的不公，导致相关方的不满。

三是市场国应对数字经济之道。通过全面的分析梳理，我们发现市场国（作为数字经济下当前税制分配模式的主要受损方）应对数字经济已经采取了很多对策，比如，欧盟接连提出《显著数字存在提案》、《数字服务税提案》和《数字广告税提案》，法国等一些国家则率先开征数字服务税。

四是数字企业巨头应对数字服务税。数字服务税是市场国已经或准备开始采取的措施，对于跨国数字企业巨头会有比较大的影响。因此，数字企业巨头当然会做出反应，不仅动用经济手段或其他方式将利润进行分散，还发动自己的游说集团对立法工作施加院外压力，避免自己处于完全被动的局面。

五是居民国应对数字经济之道。传统国际税收机制下，居民国相对于市场国来讲是受益方，但相对于避税地来讲，居民国也是受损方。以美国为代表的居民国，一方面要面对市场国的斗争，采取各种威逼利诱手段不想给市场国分享利润，另一方面对于避税地问题，也想了各种办法来挽回损失，但也没能收到很大成效。

六是欧盟应对数字经济内部改革之道。欧盟除了上面提到的应对数字经济的几个提案之外，在其内部还有一条改革路线，那就是统一企业所得税税基（CCCTB）方案，但改革也并不顺利。

七是各方看待OECD双支柱方案。欧盟未就数字经济的提案达成一致，法国等国家做了两手准备，一是自己开征数字服务税，二是借用OECD平台推进双支柱方案。但双支柱方案到底行不行得通，能不能站得住脚，最终还需要各方的评判。南方国家、国际公司税改革独立委员会、美国税收基金会等都根据自己的立场发表了自己的看法。

八是数字经济时代税制改革的建议。从建设性角度，英国牛津大学迈克尔·德沃罗团队，美国密歇根大学鲁文·阿维-约纳，英国兰卡斯特大学荣誉退休教授、税务正义联盟高级顾问索尔·皮乔托等一些专家学者给出了数字经济时代的税制改革建议。这些建议都值得深入思考。

九是数字经济时代税制改革的未来。作为国际税收秩序改革的两个重要国际组织，联合国国际税务合作专家委员会、经济合作与发展组织都在努力推进全球税制改革，以适应蓬勃发展的数字经济。我们期待经过各方斗争、探索，找到大家都能接受的合适的方案。

本书各案例都附有资料来源，欢迎读者进一步搜索相关资料。同时，本书收集的案例可能存在很多不足，欢迎读者与我们一起交流、完善。

目　录

一 高科技公司避税引发的争议

苹果公司和谷歌作为当今世界科技界的巨头，其避税案引起了国际社会的广泛关注。从本质上来看，两家科技巨头的避税案都是由数字经济特征引发的典型案件，发生类似案件的还有微软、亚马逊等科技巨头。由于这些企业普遍具有体量大、盈利能力强的特征，所以其避税行为往往会造成市场国税款的大量流失，引起严重的税收不公平。随着数字经济的蓬勃发展，数字经济征税问题越来越成为一个棘手的、亟待解决的问题。为了彻底解决数字经济征税问题，营造公平的国际税收环境，许多有影响力的国际组织做出了巨大的努力。本书开端先介绍苹果公司和谷歌的避税案件，旨在帮助读者对本书研究的问题有一个大致的了解。

案例1　矛盾重重的苹果公司避税案

2020年7月15日，欧盟第二高等法院做出了有利于苹果公司的裁决，认为欧盟委员会（European Commission）未能“按照必要的法律标准”证明爱尔兰的税收协议给苹果公司带来了不公平的优势。该裁决由此推翻了2016年欧盟委员会的一项决定，该决定认为爱尔兰政府实际上向苹果公司提供了根据欧盟法律应当判定为非法的税收优惠，苹果公司应向爱尔兰政府补缴130亿欧元（合148亿美元）税款。

2016年，欧盟最高反垄断监管机构委员会做出一项决定：爱尔兰必须向苹果公司补征收回2003年至2014年其未缴纳的130亿欧元税款。此举是欧盟委员会负责竞争政策的专员玛格丽特·维斯塔格（Margrethe Vestager）推动取消不公平税收协议的一部分，之前爱尔兰等一些国家曾向苹果公司和亚马逊等主要跨国公司提供了税收优惠。苹果公司首席执行官蒂姆·库克（Tim Cook）多次批评监管机构的裁决，认为这是“政治垃圾”。

2020年9月25日，欧盟委员会对法院允许苹果公司免于支付130亿欧元税款的裁决提出质疑，并将对此项法庭裁决提出上诉。玛格丽特·维斯塔格在一份声明中表示：“如果成员国给予某些跨国公司竞争对手无法获得的特殊的税收优惠，将损害公平竞争。”欧盟委员会将继续根据欧盟国家援助规则研究积极的税收规划措施，已决定向欧洲法院就普通法院 2020 年 7 月“爱尔兰对苹果公司的国家援助案”的判决提起上诉。美国前总统特朗普称维斯塔格为“税务女士”（Tax Lady），抨击欧洲监管机构试图取缔苹果公司。

苹果公司避税案相关事件回顾如下。2013 年，美国参议员约翰·麦凯恩（John McCain）和卡尔·莱文（Carl Levin）在华盛顿举行的关于企业避税问题的听证会上，将爱尔兰列为苹果公司等跨国公司的避税天堂。这家 iPhone 制造商被指控使用包括其爱尔兰子公司在内的“复杂的离岸实体网络”来逃避缴纳数十亿美元的美国税款。同年该听证会披露，苹果公司及其子公司在过去 10 年中在爱尔兰缴纳税款的实际税率仅为 2%。

2014 年，欧盟委员会调查包括苹果（爱尔兰）公司在内的企业所得税转让定价安排。欧盟委员会负责竞争政策的副主席约阿金·阿尔穆尼亚（Joaquín Almunia）说：“在当前公共预算紧张的情况下，大型跨国公司公平缴纳税款尤为重要。根据欧盟国家援助规则，成员国的税收规则应适用公平和非歧视原则适用，政府不能采取措施允许某些公司缴纳低于其应缴纳的税款。”税务专员阿尔吉尔达斯·塞梅塔（Algirdas Semeta）表示：“公平的税收竞争对于单一市场的完整性、成员国财政的可持续性以及企业之间的公平竞争环境至关重要。我们的社会和经济模式依赖它，因此我们必须竭尽全力捍卫它。”转让定价是指同一集团不同子公司之间的商业交易所收取的价格，特别是一个集团的一个子公司向同一集团的另一个子公司销售的货物或提供的服务的价格。转让定价影响集团位于不同国家的子公司之间应税利润的分配。欧盟委员会将审查爱尔兰税务机关发布的关于分配给苹果国际销售公司和苹果欧洲运营公司爱尔兰分公司的应税利润计算机制的个案裁定，确认其转让定价安排是否涉及国家对受益公司的援助。

2016 年 8 月，欧盟委员会发布调查结论：爱尔兰给予苹果公司高达 130 亿欧元的不当税收优惠。根据欧盟国家援助规则，这是非法的，因为它允许苹果公司支付比其他企业少得多的税款。爱尔兰现在必须收回非法援助。玛格丽特·维斯塔格表示：“根据欧盟国家援助规则，成员国向选定的公司提供税收优惠是非法的。爱尔兰给予苹果公司非法税收优惠，这使其多年来支付的税款比其他企业少得多。事实上，这种选择性待遇使苹果公司对其欧洲利润部分支付的有效企业税率从 2003 年的 1% 降低到 2014 年的 0.005%。”

美国、爱尔兰政府、苹果公司都反对欧盟做出的裁决。当美国知道这项裁决就要做出时，他们说欧盟的行为就像“超国家税务机构”。美国不喜欢让美国公司把利润留在海外，担心如果爱尔兰拿到了税款，美国收到的税款就会减少。爱尔兰政府和苹果公司表示它们会上诉。

【参考文献】

[1]EU Challenges Court Ruling Allowing Apple to Avoid Paying $15bn Tax Bill[EB/OL]. https://on.rt.com/ar37. 2020-11-09.

[2]Court Rules in Apple's Favor in RECORD $15bn Tax Case against EU[EB/OL]. https://on.rt.com/alsf. 2020-11-09.

[3]Apple Wins €13 Billion Tax Avoidance Case against EU Antitrust Regulator[EB/OL]. https://www.forbes.com/sites/siladityaray/2020/07/15/apple-wins-13-billion-tax-avoidance-case-against-eu-antitrust-regulator/#141650b37ec2. 2020-11-09.

[4]Apple Does Not Owe Ireland Nearly $15 Billion in Back Taxes, Court Rules[EB/OL]. https://www.npr.org/2020/07/15/891383815/apple-does-not-owe-ireland-nearly-15-billion-in-back-taxes-court-rules. 2020-11-09.

[5]State Aid: Ireland Gave Illegal Tax Benefits to Apple Worth up to €13 Billion[EB/OL]. https://ec.europa.eu/commission/presscorner/detail/en/IP_16_2923. 2020-11-09.

[6]State Aid: Commission Investigates Transfer Pricing Arrangements on Corporate Taxation of Apple (Ireland) Starbucks (Netherlands) and Fiat Finance and Trade (Luxembourg)[EB/OL]. https://ec.europa.eu/commission/presscorner/detail/en/IP_14_663. 2020-11-09.

[7]European Commission: Apple Owes Ireland $14.5 Billion in Taxes[EB/OL]. https://www.npr.org/2016/08/30/491918525/european-commission-apple-owes-ireland-14-5-billion-in-taxes. 2020-11-09.

【评述】

案例 1 直击本部分的主题“高科技公司避税引发的争议”，苹果公司是数字经济领域的巨头，欧盟是世界上最活跃的组织之一，两者在避税与反避税之间上演的过程曲折的“战争”深刻揭示了当今世界避税与反避税严峻的斗争形势。为什么当今世界会出现如此严峻的反避税斗争？要弄清楚这个问题，请读者把目光聚焦当今世界的热点话题——数字经济。

案例2　谷歌“合法”避税：向百慕大输送了 *230* 亿美元

多年来，谷歌（Google）一直在利用欧盟税收体系中的漏洞来避税。最新公开的备案文件显示，2017 年美国科技巨头谷歌将约 230 亿美元利润转入百慕大（Bermuda）避税天堂，比 2016 年增加了 40 亿美元。同样的文件显示，谷歌当年在荷兰纳税仅约为 340 万美元。

谷歌利用一家名为谷歌荷兰控股有限公司的荷兰空壳公司，将数十亿美元转移到其另一家子公司——总部位于百慕大的谷歌爱尔兰控股有限公司，以避免缴纳更高的美国和欧洲所得税。此种税收筹划方案受到苹果公司和微软等许多高科技公司的欢迎，被称为“双爱尔兰三明治”，通常涉及两家爱尔兰公司和一家在荷兰注册的公司。谷歌利用爱尔兰较低的企业税率（美国为 21%，而爱尔兰仅为 12.5%），将大部分利润作为特许权使用费转移给爱尔兰子公司，然后再转移到荷兰子公司。然后，这些资金将进入第二家爱尔兰公司，这是一家在百慕大纳税的空壳公司，该公司的企业税率为零。十多年来，谷歌一直在将利润转移到海外，上述税收筹划方案让它得以减少数十亿美元的海外税收。谷歌和其他科技公司的避税策略虽然在技术上是合法的，但长期以来一直招致美国和欧盟议员的愤怒，最终迫使爱尔兰从 2015 年开始废除这一有争议的安排。不过，包括谷歌在内的大型科技公司在 2020 年 1 月之前都获得了一段宽限期，以便为其顺利退出做准备。

谷歌在一份声明中对批评置之不理，坚称其财务处理方式符合法律规定，因此完全正常。该公司表示：“我们支付所有应纳税款，并遵守我们在世界各地运营的每个国家的税法，过去 10 年在全球缴纳税款的实际税率为 26%。”该公司似乎对其广泛使用税收筹划方案毫无歉意。2012 年，谷歌时任 CEO 施米特（Eric Shmidt）表示，他对该公司的避税机制“非常自豪”，称该公司只是很好地利用了各国政府提供的激励措施。“这叫资本主义。我们骄傲地信奉资本主义，我对此并不困惑。”他当时说。

像英国和法国等国家因为这个税收筹划漏洞而少获得数亿美元的税款，它们一直在通过大范围打击避税的高科技公司来应对上述问题。英国将在 2020 年引入所谓的“谷歌税”。英国财政大臣菲利普·哈蒙德（Philip Hammond）于 2018 年 10 月宣布，数字服务税将对英国搜索引擎、社交媒体和在线平台用户的活动收入征收 2% 的税。法国正在推动在整个欧洲征收类似性质的税，但爱尔兰和其他几个欧盟成员国显然会反对。为了在这一领域有所作为，法国于 2018 年 1 月推出了以谷歌、苹果公司、Facebook 和亚马逊命名的 GAFA 税，希望通过它征收 5 亿欧元（合 5.72 亿美元）的税款。

【参考文献】

[1]Google Routed $23bn to Bermuda in “Legal” Tax Avoidance Scheme. [EB/OL]. https://on.rt.com/9lpi. 2020-11-09.

【评述】

案例 2 讲到了数字经济领域的另一巨头企业——谷歌，谷歌的避税案进一步揭示了当今世界严峻的避税与反避税斗争形势，英国、法国等损失了大量税收的市场国试图采取数字服务税作为反制措施，必将引发一场剧烈的现行税制改革，国际税收改革已经不可避免。

苹果公司和谷歌的避税案涉及金额巨大，引发了国际社会的广泛关注，而欧盟对于两家科技巨头避税案的不同态度也颇耐人寻味。试图让苹果公司补缴税款的决定是实质课税原则的体现，而针对谷歌避税案进行税制改革则是税收法定主义原则的体现。不同态度实际上释放了一种信号：国际社会为了解决数字经济征税问题，准备对现行税制进行改革。

二 数字经济下的新商业模式

无直接对价经营模式是数字经济的典型特征，该种经营模式对现行国际税收规则产生了巨大的冲击，由此引发了数字经济征税问题。目前，世界上主要的数字经济企业都处在蓬勃发展的阶段，其营业额在未来一段时期内还会呈现增长的趋势，如果不及时解决数字经济征税问题，则市场国税款的流失将更加严重。案例 3 和案例 4 将说明为何会产生数字经济新商业模式下的征税问题。

案例 3　数字企业的营利之道：无直接对价经营

在数字企业中出现了一种新的经营模式——无直接对价经营，即对一部分免费参与用户（Free Participating User，FPU）不要求支付显性的价格，而向另一部分有偿参与用户（Paid Participating User，PPU）收取直接对价，赚取利润，并以此对免费参与用户提供更好的服务，以吸引更多的用户参与，实现“滚雪球”效应。无直接对价经营模式是一种典型的“羊毛出在猪身上”的经营模式，采取此经营模式的典型代表有 Facebook、谷歌等。

Facebook 的绝大部分收入来自广告。在 2020 年第二季度，Facebook 表示，有 900 万活跃的广告商正在使用社交网络平台推广其产品和服务，与该年第一季度活跃广告商数量（700 万）相比增长了 28.6%。2019 年，社交网络的广告收入超过 696 亿美元，广告收入占其全部收入的 98.6%，其他收入仅为 10.4 亿美元。Facebook 的大部分广告收入是通过手机产生的，2018 年为 506 亿美元。该公司表示，手机广告收入占其总广告收入的 92%。Facebook 在美国的广告收入预计在 2021 年将达到 394 亿美元，比 2018 年的 237 亿美元大幅增加。

同样，谷歌的营业收入绝大部分来自广告。尽管谷歌的产品范围很广，但该公司仍通过谷歌网站上的在线广告获得大部分收入。谷歌产品包括搜索、广告服务、通信和发布工具、开发和统计工具以及地图相关产品。谷歌还生产移动操作系统 Android、Chrome OS、谷歌电视以及桌面和移动应用程序，如互联网浏览器 Google Chrome 和基于现有谷歌产品的移动网络应用程序。最近，谷歌还在开发精选的硬件，从 Nexus 系列移动设备到智能家居设备和无人驾驶汽车。由于其规模巨大，谷歌还提供涵盖灾难、动荡和紧急情况的危机响应服务，以及灾难时期的开源性失踪人员查找器。其 2019 财年的报告显示，谷歌的收入达到 1607.4 亿美元，广告收入达 1348.1 亿美元，占其总收入的 83.9%。截至 2019 年 6 月，母公司 Alphabet 在全球互联网公司中排名第四，市值为 7410 亿美元。

【参考文献】

[1]J. Clement. Number of Active Advertisers on Facebook 2016-2020[EB/OL]. https://www.statista.com/statistics/778191/active-facebook-advertisers/. 2020-11-09.

[2]J. Clement. Google: Annual Revenue Worldwide 2002-2019[EB/OL]. https://www.statista.com/statistics/266206/googles-annual-global-revenue/.2020-11-09. 现网站标题已变为 Google: Global Annual Revenue 2002-2020，作者为 Joseph Johnson。

【评述】

无直接对价经营模式使数字经济可以顺利规避税收，这种前所未有的独特经营模式随着数字经济时代的到来而大量涌现，对现行国际税收制度提出了巨大的挑战，而靠现有的制度似乎已经无法解决数字经济征税问题。

案例 4　Facebook 全球用户分布及纳税情况

截至 2020 年第二季度，Facebook 月度活跃用户（Monthly Active Users, MAU）超过 27 亿，是全球最大的社交网络。月度活跃用户是指那些在过去 30 天内登录过 Facebook 网站的人。

根据 2020 年 10 月的数据，印度有超过 2.9 亿 Facebook 用户，成为 Facebook 受众规模最大的国家。考虑到这一点，如果印度的全部 Facebook 用户组成一个“国家”，那么它的人口数将在全球排名第四。除了印度，Facebook 还有其他几个市场，每个市场的用户都超过 1 亿，分别是美国、印度尼西亚和巴西，用户数量分别为 1.9 亿、1.4 亿和 1.3 亿。接下来是墨西哥、菲律宾、越南、泰国、埃及、巴基斯坦等国家。虽然一些国家的用户数量看起来并不多，但是其占该国人口总量的比重则是比较高的。例如，墨西哥用户数量占该国人口总量的比重为 70.4%，菲律宾为 76.0%，越南为 67.4%，泰国为 72.3%，哥伦比亚为 72.8%，阿根廷为 69.4%，均高于美国 Facebook 用户数量占比（58.1%）。欧洲国家中率先开征数字服务税的法国、英国，其 Facebook 用户数量占本国人口总量的比重分别为 49.1% 和 57.1%（见表 1）。

表1 2020年10月Facebook全球用户分布情况

序号	国家	人口总量（万人）	Facebook用户数量（万人）	Facebook用户占比（%）
1	印度	135405	29000	21.4
2	美国	32677	19000	58.1
3	印度尼西亚	26679	14000	52.5
4	巴西	21087	13000	61.6
5	墨西哥	13076	9200	70.4
6	菲律宾	10651	8100	76.0
7	越南	9649	6500	67.4
8	泰国	6918	5000	72.3
9	埃及	9938	4400	44.3
10	巴基斯坦	20081	3900	19.4
11	孟加拉国	16637	3900	23.4
12	英国	6657	3800	57.1
13	土耳其	8192	3700	45.2
14	哥伦比亚	4946	3600	72.8
15	法国	6523	3200	49.1
16	阿根廷	4469	3100	69.4
17	意大利	6048	3000	49.6
18	尼日利亚	19588	2800	14.3
19	德国	8229	2800	34.0
20	缅甸	5386	2600	48.3

注：各国人口数据来自排行榜网站.https://www.phb123.com/city/renkou/rk.html.2020-11-09.

从 Facebook 的全球收入分布情况来看，其与用户数量地区分布存在较大的差异。Facebook 提交给美国证券交易委员会（以下简称美国证监会）的公开报告显示，2019 年总收入为 707 亿美元，比上年增长 26.6%。根据客户的账单地址对收入来源做区域划分，美国和加拿大地区收入为 322 亿美元，比上年增长 25.2%，欧洲为 168 亿美元，比上年增长 23.4%，亚太地区为 154 亿美元，比上年增长 31.3%，其他地区收入为 63 亿美元，比上年增长 31.9%。Facebook 以用户季度平均收入（Average Revenue Per User，ARPU）来衡量地区用户的贡献，其定义为该地区的季度总收入（Total Revenue）除以该地区月度活跃用户数量。根据 Facebook 在美国证监会的报告，2019 年 Facebook 全球 ARPU 为 29.25 美元，比 2018 年增长了 17%。在此期间，ARPU 在美国和加拿大增长了 24%，在欧洲增长了 20%, 在亚太地区增长了 18%，在世界其他地区增长了 16%。Facebook 在美国、加拿大和欧洲等地区的收入和 ARPU 相对较高，主要是由于这些地区在线和移动广告市场的规模更大、成熟度更高。2019 年美国和加拿大地区的 ARPU 比亚太地区高 11 倍以上。此外，在 ARPU 相对较低的地区，如亚太地区和世界其他地区，用户增长更快，这是拉低 ARPU 的主要原因。预计 Facebook 未来的用户增长将主要集中在 ARPU 相对较低的地区，因此，在全球范围内，ARPU 的增长速度可能会降低，换句话说，即使 ARPU 在每个地区都有所增长，但其增长速度也可能会下降。

【参考文献】

[1]J.Clement, Facebook: Number of Monthly Active Users Worldwide 2008-2020[EB/OL]. https://www.statista.com/statistics/264810/number-of-monthly-active-facebook-users-worldwide/.2020-11-09. 现网站标题为 Facebook: Number of Monthly Active Users Worldwide 2008-2021.

[2]J. Clement, Countries with the Most Facebook Users 2020[EB/OL]. https://www.statista.com/statistics/268136/top-15-countries-based-on-number-of-facebook-users/.2020-11-09. 现网站标题为 Countries with the Most Facebook Users 2021.

[3]Facebook Inc., Annual Report Pursuant to Section 13 or 15(d) of the Securities Exchange Act of 1934 for the Fiscal Year Ended December 31, 2019[EB/OL]. https://secfilings.nasdaq.com/edgar_conv_html%2f2020%2f01%2f30%2f0001326801-20-000013.html#FB-12312019X10K_HTM_S7EB344C14BD0595C9353C237C1785F54.2020-11-09.

【评述】

Facebook 的飞速发展是当今世界数字经济发展的一个缩影。随着互联网的普及与进步，苹果公司、谷歌、亚马逊这样的数字经济企业飞速发展，由此产生的国际税收问题也被无限放大。

通过以上两个案例的学习，读者可以理解两个问题：第一，为何数字经济会引发征税难题？第二，为何我们需要尽快解决数字经济征税问题？在理解了这两个问题之后，我们就可以进入本书下一篇的学习：国际组织为了解决数字经济征税问题所做的努力（现行税制的改革及其演变）。

三 市场国应对数字经济之道

为了解决数字经济征税问题，欧盟、联合国、OECD 等国际组织做出了不懈的努力。一个基本的思路是对现行税制进行改革，将数字经济纳入征税范围，从而彻底解决数字经济征税问题。在基本思路的指导下，又产生了两种截然不同的改革路径：第一种是对企业所得税制及相应的协定范本进行改革，以适应数字经济时代的征税需要；第二种则是开征一种全新的税种，该税种仅针对数字经济征收，以营造公平良好的税收环境。本书将先从数字经济时代的“受害者”——市场国的视角分析国际组织以及各国为了解决数字经济征税问题所做出的尝试。

案例5　欧盟:《显著数字存在提案》

2018年3月，欧盟委员会提出了两项立法提案，其中第一项提案为《关于制定显著数字存在性公司税收规则的理事会指令提案》(Proposal for a Council Directive Laying Down Rules Relating to the Corporate Taxation of a Significant Digital Presence)(以下简称《显著数字存在提案》)，旨在改革企业税收规则，以便在企业通过数字渠道与用户进行大量互动时对其利润进行登记和征税。这是欧盟委员会更青睐的长期解决办法。

《显著数字存在提案》主要明确两个规则：一是什么情况构成显著数字存在(Significant Digital Presence)，二是如何确认归属于显著数字存在的利润。关于如何征收和防范利润错配问题，《显著数字存在提案》没有做出说明。

《显著数字存在提案》第四条解释了构成显著数字存在的规则。如果企业通过数字接口提供服务，且满足三个条件之一，即被视为构成显著数字存在。第四条第三款规定:“如果通过一个成员国开展的业务全部或部分由通过一个数字接口提供的数字服务组成，并且经营该业务的实体在提供这些服务时满足以下一个或多个条件，以及该实体的每个关联企业通过一个数字接口提供任何此类服务，则应被视为在一个纳税期内有‘显著数字存在’:（a）在该纳税期内，向该成员国境内的用户提供这些数字服务而获得的总收入超过700万欧元;（b）在该纳税期内，该数字服务中一项或多项的使用者在该成员国超过10万人;（c）在该纳税期内，位于该成员国的用户就提供任何该数字服务而订立的商业合约数超过3000份。”

第四条第四款规定:“关于使用数字服务，如果用户在一个纳税期内使用该成员国的设备访问提供数字服务的数字接口，则该用户应被视为在该纳税期内属于该成员国。”即不管该用户是否该国居民，只要在该国使用该国的设备访问数字接口，即被视为在该纳税期内的成员国用户。如何判定用户使用的网络设备是否位于该成员国，第四条第六款规定:“成员国应通过参考设备的互联网协议（IP）地址或任何其他地理定位方法来确定。”第四条第七款规定:“本条第三款（a）项中提及的总收入比例应根据位于世界任何地方的用户在该纳税期内使用设备访问提供数字服务的数字接口的次数来确定。”

《显著数字存在提案》第五条解释了归属于显著数字存在的利润规则。第五条第一款规定:“归属于一个成员国的显著数字存在或与之相关的利润应仅在该成员国的公司税框架内征税。”归属于该数字存在的利润应遵循独立性原则。第五条第二款规定:“归属于该数字存在或与该数字存在有关的利润，应将该数字存在视为一个独立的企业，在相同或类似的条件下执行相同或类似的活动，特别是在与企业其他部分的交易中，考虑到所执行的功能、使用的资产和承担的风险，通过数字接口该数字存在本应获得的利润。”第五条第三款补充：“就第二款而言，应根据功能分析确定归属于或与显著数字存在有关的利润。为了确定显著数字存在的功能，并将资产和风险的经济所有权归于显著数字存在，应考虑此类存在通过数字接口执行的经济上的重要活动。为此，企业通过数据或与用户相关的数字接口进行的活动应被视为显著数字存在的经济意义重大的活动，这些活动应将风险和资产的经济所有权归因于这种存在。”第五条第四款继续补充了“在确定第二款下的可归属利润时，应适当考虑由显著数字实体进行的与开发、增强、维护、保护和利用企业无形资产有关的经济上重要的活动”。归属方法使用利润分割法，或其他更合适的方法。第五条第六款规定：“在确定第一款至第四款规定的可归属利润时，纳税人应使用利润分割法，除非纳税人能够证明根据国际公认原则采用的替代方法更适合于功能分析的结果。分割依据可能包括用于研究、开发和营销的费用，以及每个会员国的用户数量和用户数据。”

【参考文献】

[1] Proposal for a Council Directive Laying down Rules Relating to the Corporate Taxation of a Significant Digital Presence [EB/OL]. https://ec.europa.eu/taxation_customs/business/company-tax/fair-taxation-digital-economy_en.2020-11-09.

【评述】

显著数字存在是对物理常设机构规则的补充，读者可以将其简单地理解为虚拟常设机构规则，旨在将数字经济产生的利润在市场国进行归集。显著数字存在是一次大胆的尝试，其本质是对协定范本进行完善，对现行税制进行修订。

案例6　欧盟：《数字服务税提案》

2018年3月，欧盟委员会提出了两项立法提案，其中第二项提案为《关于对提供某些数字服务产生的收入征收数字服务税的共同制度的理事会指令的提案》（Proposal for a Council Directive on the Common System of a Digital Services Tax on Revenues Resulting from the Provision of Certain Digital Services）（以下简称《数字服务税提案》），回应了几个成员国关于征收临时税的呼吁，该税涵盖了欧盟目前完全免税的主要数字活动。

《数字服务税提案》主要明确了数字服务税的应税收入范围、纳税人、纳税地点、税率、纳税申缴方式、征管反避税等六方面内容，相较于《显著数字存在提案》更具操作性。

《数字服务税提案》第三条解释了应税收入范围，主要有三类：一是针对用户界面的广告投放收入，二是提供多方互动平台的收入，三是传输所收集用户数据的收入。第三条第一款规定："就本指令而言，由实体提供以下每项服务产生的收入应被视为应税收入：（a）在数字界面上投放针对该界面用户的广告；（b）向用户提供多方平台的数字接口，使用户能够找到其他用户并与他们互动，还可以推动在用户之间直接提供基本的商品或服务；（c）传输收集的关于用户的数据和用户在数字界面上的活动产生的数据。”第二款补充规定“第一款中提及的收入应包括总收入、增值税净额和其他类似税收”。

同时,《数字服务税提案》对特殊的应税收入范围做了排除。第三条第四款规定:“第一款（b）项不应包括:（a）提供数字接口，其中提供该接口的唯一或主要目的是使该实体能够向用户提供数字内容或向用户提供通信服务或向用户提供支付服务;（b）交易场所或系统内部用户提供指令 2014/65/EU 附件一 A 节第（1）至（9）点中提及的任何服务;（c）受监管的众筹服务提供商提供第 2014/65/EU 号指令附件一第 A 节第（1）至（9）点中提及的任何服务，或促进贷款发放的服务。”第五款规定“第一款（c）项不应包括交易场所、系统内部化或受监管的众筹服务提供商的数据传输”。

第五条第三款明确了归于某国的应税收入。该款规定:“对于每个纳税期，根据第五条第一款处理的实体应税收入中在一个成员国获得的部分应按以下方式确定:（a）就提供第三条第一款（a）项规定的服务所产生的应税收入额而言，其与该纳税期内在用户设备上出现的广告次数存在比例关系;（b）提供第三条第一款（b）项规定的服务所产生的应税收入额:（i）如果服务涉及多方数字接口，它有助于直接在用户之间提供基本的商品或服务，与在该纳税期在数字接口上完成的基础交易用户数量存在比例关系；（ii）如果该服务涉及（i）未涵盖的一种多方数字接口，它则与在该纳税期的全部或部分时间内持有允许访问该数字接口的账户的用户数量存在比例关系；（c）关于提供第三条第一款（c）项规定的服务所产生的应税收入额，与在该纳税期内用户在该纳税期或上一纳税期使用设备访问数字接口而产生数据的用户数量存在比例关系。"

《数字服务税提案》第四条解释了纳税人规则。第四条第一款规定："就一个纳税期而言，纳税人是指同时满足以下两个条件的实体：（a）该实体报告的相关财政年度全球收入总额超过 7.5 亿欧元；（b）在相关财政年度内，联盟（指欧盟）内实体获得的应税收入总额超过 5000 万欧元。"第五款补充规定："就本指令而言，应税收入应在到期时确认为已获得，无论相关金额是否已实际支付。"第六款继续补充规定："如果第一款所指实体在财务会计方面属于一个合并集团，则该款应适用于该集团作为一个整体所报告的全球收入和在联盟内获得的应税收入额。"

《数字服务税提案》第五条明确了纳税地点规则，即以用户所在国为纳税地点。第五条第一款规定："就本指令而言，如果应税服务的用户在某一纳税期在某一成员国，则该实体在该纳税期获得的应税收入应视为在该成员国获得的应税收入。不管这些用户是否为创造这些收入贡献了金钱，第一款都适用。”关于用户所在国的判断，第五条第二款补充规定：“关于应税服务，在下列情况，用户应被视为在一个纳税期内属于一个成员国：（a）就第三条第一款（a）项所述的服务而言，当在该纳税期内在该成员国用该设备访问数字接口时，该广告出现在用户的设备上；（b）在属于第三条第一款（b）项的服务范围中：（i）如果服务涉及一种多方数字接口，方便在用户之间直接提供基本的商品或服务，则用户在该纳税期使用该成员国的设备访问该数字接口，并在该纳税期在该接口上完成基础交易；（ii）如果服务涉及（i）未涵盖的一种多方数字接口，用户在该纳税期的全部或部分时间内拥有一个账户，允许用户访问该数字接口，并且该账户是使用该成员国的设备开立的；（c）在服务属于第三条第一款（c）项的情况时，由用户使用该成员国的设备访问数字接口而生成的数据，无论是在该纳税期还是之前的任何一个纳税期，都在该纳税期内传输。”判断用户使用网络设备的位置进而确定所在国的方法，第五条第五款规定：“就本条款而言，使用用户设备的成员国应通过参考设备的互联网协议（IP）地址或（如果更准确）任何其他地理定位方法来确定。”

《数字服务税提案》第八条明确了税率，规定数字服务税税率为3%。

《数字服务税提案》第九条到第十七条明确了纳税人

纳税申报方式。第九条负责缴款和履行义务的人明确了纳税人的申报缴款义务。第一款规定："提供应税服务的纳税人应当支付数字服务税，并履行本章（第 3 章）规定的义务。"第十条第一款规定："纳税人应告知成员国其在一个或多个成员国中负有数字服务税缴纳义务的身份证明。"第十条第四款补充规定："（第十条）第一款所要求的告知书应至少包括下列纳税人的信息：（a）姓名；（b）商号，如与姓名不同；（c）通信地址；（d）电子地址；（e）国家税号（如有）；（f）联系人姓名；（g）电话号码；（h）纳税人有纳税义务的成员国；（i）IBAN 或 OBAN 号码。"第十一条第一款规定："成员国应为纳税人分配一个识别号码，用于缴纳数字服务税，并在收到第十条规定的告知书之日起 10 个工作日内通过电子方式将该号码发给纳税人"。

第十四条规定："纳税人应向成员国提交各纳税期的数字服务税申报表，以供识别。数字服务税申报表须于申报表所涵盖的纳税期间完结后 30 个工作日内以电子方式提交。"第十五条第一款规定："数字服务税申报应列示以下信息：（a）第十一条所指的个人识别号码；（b）对于在相关纳税期间数字服务税到期的各成员国，其纳税人在该纳税期间被视为获得的应税收入总额，连同该成员国在该纳税期间的数字服务税到期金额；（c）在相关纳税期内，所有成员国的纳税人应缴纳的数字服务税总额。”第二款规定：“数字服务税申报表还应列示该纳税期间全球收入总额和联盟（指欧盟）内应税收入总额。”第十六条缴款安排规定：“在一个纳税期内，纳税人对所有成员间的数字服务税应税总额应由该纳税人向认定的成员国支付。”

《数字服务税提案》第十八条到第二十三条明确了主管当局的征管反避税措施。第十八条明确了会计、记录保存、反欺诈、执行和控制措施，其中第一款规定：“成员国应规定会计、记录保存和其他义务，以确保有效支付应付税务机关的数字服务税。成员国的此类规则应适用于在该成员国承担数字服务税责任的任何实体，与该纳税人的成员国身份无关。”第二十条交换身份资料的第一款规定：“认定成员国应将根据第十条收到的任何告知书发送给数字服务税到期的各成员国主管部门。告知书应在收到之日起 10 个工作日内交换。”第二十一条交换数字服务税申报信息第一款规定：“认定成员国应将数字服务税申报表和根据第十四条或第十七条向其提交的数字服务税申报表的任何修订版发送至数字服务税到期的各成员国主管部门。该申报表及修订须于收到当日起 10 个工作日内送交。”第二十二条交换付款的资料第一款规定：“认定成员国应确保将纳税人根据第十六条支付的与在认定成员国以外的成员国到期的数字服务税相对应的金额信息移交给其他成员国的主管当局。交换应在收到付款之日后 10 个工作日内进行。”第二十三条信息交换手段第一款规定：“根据本章（第 4 章），信息和文件应以电子方式传输。”

【参考文献】

[1]Proposal for a Council Directive on the Common System of a Digital Services Tax on Revenues Resulting from the Provision of Certain Digital Services [EB/OL]. https://ec.europa.eu/taxation_customs/business/company-tax/fair-taxation-digital-economy_en. 2020.11.09.

【评述】

数字服务税是一种被市场国普遍采用的、“简单粗暴”的数字经济征税问题解决方案，拟针对数字经济开征一种全新的税种。数字服务税方案的优点是显而易见的，可以直接、有效、迅速地对数字经济征税，弥补市场国的税收损失，但其缺点也是需要我们重视的，比如需要在实践中不断检验其条款的合理性、过程中所产生的阵痛与直接改革企业所得税制度相比会更大，等等。

案例 7　欧盟委员会:《数字广告税提案》

2018 年 3 月，欧盟委员会提出的《显著数字存在提案》和《数字服务税提案》，历时一年的讨论，由于荷兰、爱尔兰、马耳他、丹麦等国家的反对，到 2019 年 3 月两个提案均未能获得通过，仅形成妥协成果——《关于提供数字广告服务所得收入的数字广告税共同制度的理事会指令提案》(Proposal for a Council Directive on the Common System of a Digital Advertising Tax on Revenues Resulting from the Provision of Digital Advertising Services)(以下简称《数字广告税提案》)，提交常设代表委员会。

《数字广告税提案》在进展情况中提出:“继欧盟经济及金融事务理事会(Economic and Financial Affairs Council Configuration，ECOFIN)2018 年 12 月 4 日对《数字服务税提案》进行讨论后，商定探索一种范围更窄的工具，只涵盖针对性的数字广告。因此，重新起草了案文——数字广告税(Digital Advertising Tax，DAT)的共同制度，侧重于仅来自提供数字广告服务的收入。”

《数字广告税提案》在关键问题中提出:“一些代表团继续从根本上反对整个数字广告税，不管我们对案文做了哪些技术上的调整。在数字服务税和数字广告税的讨论中，几个代表团都一致反对就相关数字服务税收内容达成协议，认为有必要在经合组织、二十国集团正在讨论的议题的更广泛背景下看待数字服务税收。”而另一些成员国则认为《数字广告税提案》不够先进，没有达到预期目的，“到目前为止，有几个代表团继续表示关切的是，销售用户数据被排除在《数字服务税提案》第三条界定的应税收入范围之外。一些代表团指出，鉴于数字服务税的范围狭窄，第四条为纳税人规定的门槛应予修订或降低。一些代表团对生效日期也仍然犹豫不决，倾向于早于或晚于方案所建议的日期”。

与《数字服务税提案》结构基本一致，《数字广告税提案》明确了应税收入范围、纳税人、纳税地点、税率、纳税申缴方式和征管反避税等六方面内容。

《数字广告税提案》第三条解释了应税收入范围。第一款规定：“就本指令而言，实体在数字界面上投放目标广告产生的收入（包括销售与目标广告相关的用户数据时收到的收入）应符合‘应税收入’的条件。根据本指令，为规避税收的主要目的或主要目的之一而实施的安排所产生的收入应被视为本指令项下的应税收入。”相较于《数字服务税提案》应税收入范围变窄，由原来的三项缩减为一项，仅限于数字广告收入。第三条第三款规定了归属于某用户国的应税收入。“对于每个纳税期，应按照在该纳税期内广告在用户设备上出现的次数比例，为每个交易确定在一个成员国获得的根据第五条第一款认定的实体应税总收入的比例。”

《数字广告税提案》第三条解释了纳税人规则。第一款规定：“就一个纳税期而言，‘纳税人’是指提供第三条第一款所述的应纳税服务并同时满足以下两个条件的实体：（a）该实体报告的相关财政年度全球收入总额超过 7.5 亿欧元；（b）该实体在相关财政年度在欧盟内获得的应税收入总额超过 5000 万欧元。”

《数字广告税提案》第五条解释了纳税地点规则。第一款规定：“就本指令而言，如果应税服务的用户在某一纳税期在某一成员国，则该实体在该纳税期获得的应税收入应视为在该成员国获得的应税收入。不管这些用户是否为创造这些收入贡献了金钱，第一款都适用。”第二款补充规定：“就应税服务而言，如果所述广告出现在用户的设备上，而该设备在该纳税期内正用于该成员国访问数字接口，则该用户应被视为在该纳税期内在该成员国。”第四款继续补充：“为确定应税收入的征税地，不应考虑应税服务的支付地。”

《数字广告税提案》第八条规定了数字广告税税率为 3%，与当初提议的数字服务税税率相同。《数字广告税提案》关于纳税申缴方式集中在第九条至第十七条，征管反避税措施集中在第十八条至第二十一条，与《数字服务税提案》基本相同。

《数字广告税提案》有一个重大突破，也是成员国存在较大争议的焦点，即提案的执行时间表问题。第二十五条“互换”第一款规定：“成员国最迟应在 2021 年 12 月 31 日之前通过并公布符合本指令所需的法律、法规和规定，并应立即通知委员会。从 2022 年 1 月 1 日起适用上述法律、法规、规定。当成员国采用它们时，它们应包含对本指令的引用，或在其正式发布时附有此类引用。”

【参考文献】

[1]European Council, Council of the European Union. Digital Taxation[EB/OL]. https://www.consilium.europa.eu/en/policies/digital-taxation/. 2020.11.09.

【评述】

由于既得利益国家的“强烈反对”，数字服务税最终没能成为解决数字经济征税问题的良方，全新的数字广告税作为折中方案形成。相比于数字服务税，数字广告税的征税范围更小，具体细则更为简单，这不免让人怀疑其有效性。但是，数字广告税有一个巨大的优点，即其推行不会遭遇太大的阻力。

案例 5、案例 6 及案例 7 系统地介绍了市场国应对数字经济征税问题所做出的种种尝试。根据三个案例的介绍，我们可以提炼出以下几个要点。第一，改革路径在发生变化，从最初改革现行企业所得税制的尝试到开征全新的数字服务税，我们看到了市场国思路的转变。实际上，究竟采用哪种方案解决数字经济征税问题还有待进一步讨论，不过，根据 OECD 双支柱方案，目前国际社会似乎更倾向于改革现行企业所得税制这种相对“温和”的办法，这些内容将在本书的后面详细介绍。第二，改革的具体方案在不断细化，从最初的基本框架到各个税收要素的明确以及不断修订，市场国做出了越来越多的尝试，实际上，这也从侧面反映了数字经济征税问题的复杂性。第三，改革方案存在一些问题，各位读者也可以从改革的具体细则中发现条款存在的一些问题，比如数字服务税适用 3% 的统一税率，这在某种程度上会在不同类型的数字经济企业之间造成新的不公平，因此，现有的改革方案还需要进一步完善。

案例 8　部分国家和地区的应对之道：数字服务税

由于欧盟委员会提出的在欧盟范围内征收数字服务税的提案未能达成一致意见，很多欧洲国家决定单边征收数字服务税。截至 2020 年 5 月，大约一半欧洲的 OECD 国家已经宣布、提议或实施了数字服务税，其中，奥地利、法国、匈牙利、意大利、土耳其和英国已开征数字服务税，捷克、波兰、斯洛伐克和西班牙公布了实施数字服务税的提案，拉脱维亚、挪威和斯洛文尼亚正式宣布或表示打算实施数字服务税。数字服务税不仅在欧洲流行，欧洲以外的不少国家也已宣布、提议或实施数字服务税。印度、印度尼西亚和突尼斯实施了数字服务税，巴西和肯尼亚已经提议设立数字服务税，加拿大、以色列和新西兰也表示有意提议设立数字服务税。虽然每个国家的数字服务税在设计上都是独特的，但大多数国家采用了欧盟《数字服务税提案》中的几个要素。

法国 2019 年 7 月推出数字服务税，规定从 2019 年 1 月起开始计税。数字服务税对数字接口服务、定向在线广告以及网络供应商出于广告目的而向其他主体出售本平台收集的用户数据所产生的总收入按 3% 的税率征收，并将征税范围限定为在全球的收入超过 7.5 亿欧元（合 8.4 亿美元），在法国的收入超过 2500 万欧元（合 2800 万美元）的公司。这项税收预计每年将为法国带来 5 亿欧元（合 5.60 亿美元）的财政收入，相当于法国企业所得税的 1.01%，相当于法国 2018 年税收总额的 0.05%。

英国数字服务税于 2020 年 4 月生效，第一笔税款将于 2021 年 4 月支付。英国对来自社交媒体平台、互联网搜索引擎和在线市场的收入征收 2% 的税收。与其他提案不同的是，英国对纳税人 2500 万英镑（合 3190 万美元）以下的应税收入免税，并为范围内活动利润率低的企业提供了一个“安全港”下的替代数字服务税计算方法。其征税范围门槛定为全球收入 5 亿英镑（合 6.38 亿美元），在英国国内为 2500 万英镑（合 3190 万美元），与法国的数字服务税相比，英国的全球收入门槛要低于法国，本地收入门槛要高于法国，税率比法国低。

奥地利自 2020 年 1 月起实施了数字服务税。数字服务税适用于全球超过 7.5 亿欧元（合 8.4 亿美元）和本地超过 2500 万欧元（合 2800 万美元）的在线广告收入，税率为 5%。由于奥地利的数字服务税只对在线广告收入征收，其范围比法国或英国的数字服务税窄。奥地利对传统广告征收特别广告税。因此，可以说，数字服务税为传统和数字广告提供了一个公平的竞争环境。然而，数字服务税的全球和国内收入门槛实际上将大多数国内数字广告提供商排除在外，造成了新的扭曲。

印度自2016年6月起，开始征收“衡平税”，即对非居民企业提供的在线广告服务收入征收6%的税。截至2020年4月，“衡平税”扩大至对在印度没有常设机构的非居民电子商务运营商的数字服务收入，税率为2%，而且不受现有6%“衡平税”的约束。收入门槛定为每年2000万卢比（合28.4万美元）。这一变化实质上是将“衡平税”的征收范围从在线广告扩大到几乎所有在印度进行电子商务活动的企业，比欧洲国家数字服务税的征收范围宽得多，同时明确免除了国内企业的纳税义务。

【参考文献】

[1]Daniel Bunn, Elke Asen, Cristina Enache. Digital Taxation Around the World[EB/OL]. https://taxfoundation.org/digital-tax/.2020-11-09.

【评述】

自2015年通过了欧洲数字单一市场战略（Digital Single Market Strategy for Europe）以来，数字服务税的构想就一直是欧盟优先级较高的战略之一。然而不论是长期提案还是短期提案，都遭到了较大的推行阻力，这也是部分欧盟国家决定自行开征数字服务税的原因之一，另一重要原因自然就是对数字经济的征税推迟越久，市场国利益就受损越大。本案例介绍了英、法、奥地利和印度等国的暂时性数字服务税政策，既有助于读者了解这些国家对数字服务税的立场，也从侧面展现了数字服务税在全球范围内的推行依然任重道远。

案例 9 法国：征收数字服务税负重前行

2019 年 7 月 25 日，法国官方公布数字服务税法案（Digital Service Tax，DST），旨在对跨国互联网巨头 GAFA（谷歌、苹果公司、Facebook、亚马逊）等征收数字服务税。其征税范围为每年全球总收入达到 7.5 亿欧元并且在法国取得的收入超过 2500 万欧元的公司，税率为 3%，并追溯至 2019 年 1 月 1 日作为计税起始日。法国政府表示，在经济合作与发展组织（OECD）就国际数字服务税收达成协议之前，这项税收将作为一项临时措施。当时的美国特朗普政府对此坚决反对，2019 年 7 月 10 日（在法国官方公布数字服务税法案之前）美国贸易代表办公室启动对法国数字服务税的 301 调查。美方认为法国数字服务税的征税范围涵盖了美国公司在全球处于领先地位的服务，对美国某些科技公司不公平。美国贸易代表罗伯特 · 莱特希泽（Robert Lighthizer）说："美国非常担心数字服务税不公平地针对美国公司。"

2019 年 12 月，特朗普政府根据调查结果提议征收报复性关税，还威胁要对其他一直在试图征收数字服务税的国家征收关税。该调查结果认为法国提出的征收数字服务税的理由是基于不正确或未经证实的论断。调查收集的证据给出五点结论：（1）法国数字服务税的目的是歧视美国的数字公司，而且从其结构和运营上看确实如此；（2）法国数字服务税的追溯应用是不正常的，不符合现行税收原则，该税收对于所涵盖的美国公司而言过重；（3）法国数字服务税应用于收入而不是所得，违反了现行税收原则，给美国公司带来了重大负担；（4）将法国数字服务税应用于与在法国的实际存在无关的收入，违反了现行的国际税收原则，对所涵盖的美国公司来说负担尤其沉重；（5）法国数字服务税应用于一小部分数字公司，违反了反对将数字经济作为特殊不利税务处理目标的国际税收原则。美国贸易代表罗伯特·莱特希泽说，依据调查结果提议的报复性关税将涵盖大约 24 亿美元的贸易价值，目标产品包括各种奶酪、化妆品、手包、气泡酒和瓷器，并可以使用高达 100% 的关税税率。

法国对此予以反击：如果美国继续威胁要对价值约 24 亿美元的法国产品征收关税，欧盟将予以报复。法国财政部长布鲁诺·勒梅尔（Bruno Le Maire）2019 年 12 月 3 日在 Classique 电台表示："这样的行为配不上盟友，不符合法国乃至整个欧洲对主要盟友美国的期望。""如果美国实施新的制裁，欧盟随时准备进行报复。"美国总统特朗普在伦敦发表讲话时回应说："法国不该对美国企业征税。他们是美国公司，即使要征税，也应该是美国自己征。"

2020 年 1 月 23 日，在达沃斯会议上，法国财政部长布鲁诺·勒梅尔表示，法国和美国就如何推进长达数十年的跨境税收规则的全球改写达成一致，同意搁置关于数字服务税的双边争议，法国的数字服务税到第二年才会征收（尽管税负将在 2020 年累计）。此外，它们同意继续开展 OECD 包容性框架支柱一和支柱二方案的工作，而且美国同意“支柱一方案作为安全港规则并不意味着是可选择性的，而是必须执行的”。

2020 年 6 月 18 日，法国等欧洲国家抨击华盛顿政府决定退出对数字巨头征税的重大改革谈判，因为 6 月 17 日美国财政部长史蒂文·姆努钦（Steven Mnuchin）在一封信中向欧洲同行通报了退出改革谈判的决定。英国《金融时报》援引姆努钦的话说：“试图仓促进行如此艰难的谈判，会分散人们对更重要事务的注意力。在这个时候，世界各国政府都应该把注意力集中在处理新冠肺炎疫情问题所带来的经济问题上。”姆努钦在信中表示：“美国将在今年晚些时候恢复谈判，而且如果其他国家试图征收数字服务税，美国政府将采取‘适当的相应措施’予以回应。”法国财政部长布鲁诺·勒梅尔在接受法国国际广播电台采访时表示：“这是对 OECD 所有成员国的挑衅，当时我们距离对数字巨头征税问题达成协议只有几厘米的距离。”西班牙财政部长蒙特罗（Maria Jesus Montero）表示，四个欧洲国家不会接受来自另一个国家的“任何形式的威胁”。“我们没有立法损害其他国家的利益，我们正在立法，以使我们的税收制度有序、公平并适应当前形势。”

2020 年 7 月 10 日，美国贸易代表办公室宣布对法国输入美国的价值 13 亿美元的多种化妆品、手包和各类香皂征收税率为 25% 的新关税，以应对法国数字服务税。同时，办公室也宣布这一新关税将于 2021 年 1 月 6 日生效，这也为后续谈判留下了余地。

【参考文献】

[1]Daniel Bunn. The Davos Digital (Tax) Détente?[EB/OL]. https://taxfoundation.org/davos-digital-tax-detente/. 2020-11-09.

[2]Daniel Bunn. Trump Administration Proposes Retaliatory Tariffs against France’s Digital Services Tax[EB/OL]. https://taxfoundation.org/trump-administration-proposes-retaliatory-tariffs-france-digital-services-tax/. 2020-11-09.

[3]William Horobin, Jenny Leonard, Laura Davison. France Vows Retaliation over $2.4 Billion U.S. Tariff Threat[EB/OL]. https://finance.yahoo.com/news/u-proposes-duties-2-4-232736141.html. 2020-11-09.

[4]Reuters. DAVOS-France, U.S. Agree to Push Global ‘Digital Tax’ Talks Forward[EB/OL]. https://www.nasdaq.com/

articles/davos-france-u.s.-agree-to-push-global-digital-tax-talks-forward-2020-01-23. 2020-11-09.

[5]'Unacceptable Threat' and 'Provocation': European Nations Fume after US Pulls out of Talks on Global Digital Tax[EB/OL].https://on.rt.com/ajt6. 2020-11-09.

[6]Daniel Bunn. Digital Taxes, Meet Handbag Tariffs[EB/OL]. https://taxfoundation.org/us-french-tariffs/. 2020-11-09.

【评述】

跨国数字巨头在欧洲享受巨大市场并获得巨额利润的同时，并没有为其在市场国所享受的便利缴纳对等的税收作为对价。案例 9 主要介绍了法国采取数字服务税、扶植本土数字企业等措施所起的作用和面临的问题。由于数字服务税的征收对象主要是以谷歌、苹果公司为代表的美国公司，因此数字服务税如何征收、税权如何划分、税收收入如何在两国之间进行分配，都成为美法两国之间针锋相对的问题。这里就涉及几个问题：数字经济下市场国往往处于不利地位，这是因为跨境交易只保护生产国吗？数字经济下市场国的权益为何会更恶化？如何证明市场国税权的正当性？

对于前两个问题，需要在较长时间跨度内进行分析。由于传统工业时代商品都是有形的，需要跨国生产或运输，在传统国际税收规则下，市场国与生产国的利益分配较为均衡，矛盾并不明显。而在数字经济时代，跨国数字企业获取巨额收益的原因，是因为数字经济采用了压缩时空的聚合式生产方式，而不是传统分工交换模式下的被动聚合。特殊的连接方式使数字巨头获得特殊红利，而且使用极小的边际成本，就可获得巨额回报，这就违背了传统经济学的边际递减规律，因此在数字经济时代，市场国权益呈现越来越明显的恶化趋势，需要进行税权的重新分配。对于第三个问题，当今数字经济（或者说平台经济）已经越来越具备公共产品的属性，其获益过程中借助了市场国政府提供的许可和其他便利条件，所提供的服务也对市场国普通民众产生一定的外部性。因此，跨国数字巨头在市场国获得的利润不应超过某一限度，为促进公平，数字巨头获得的额外收益应当由市场国的用户、政府和全社会共同分享。

案例 10　英国：数字服务税的申报

2020 年，英国议会通过《2020 年财政法案》（Finance Act 2020），从 2020 年 4 月开征数字服务税。根据该法案，英国政府网站发布了"纳税人申报数字服务税操作指南"，包括如下五个帮助主题：①检查您是否需要注册数字服务税；②注册数字服务税并更改您的详细信息；③计算您的数字服务税；④支付您的数字服务税；⑤提交数字服务税申报表。

检查您是否需要注册数字服务税指南，包括谁应该注册、英国用户、何时以及如何注册三个子环节。（1）谁应该注册解释为：如果您的企业向英国用户提供社交媒体平台、搜索引擎或在线市场，并且这些数字服务活动同时符合以下两种情况：全球年收入超过 5 亿英镑，且在英国年收入超过 2500 万英镑，则您需要注册数字服务税服务。数字服务税适用于集团层面。集团内所有业务的收入将有助于达到上述要求。集团的负责成员必须代表集团中的所有公司进行注册。如果集团不选择负责成员，则集团最终母公司为负责成员。（2）英国用户定义为通常在英国的个人和在英国建立的企业。这可能与交易时用户所处的位置不同。您应该使用您可以获得的证据来确定用户通常情况下是否在英国。证据来源包括：交货地址、付款详情、国际电脑互联网地址、基于合同证据的广告预期目的地、出租的财产或货物的位置。如果您对用户的位置有相互矛盾的证据，您应该考虑哪种证据最适合确定用户的正常位置。（3）何时以及如何注册可具体参见“注册数字服务税并更改您的详细信息”指南。

注册数字服务税并更改您的详细信息指南，包括何时注册、注册需要什么、如何注册、注册结果、更改您的详细信息、取消注册六个子环节。（1）何时注册：根据《2020 年财政法案》第五十四节，本节具有法律效力。检查您是否需要注册数字服务税，如果您的企业为英国用户提供了社交媒体平台、搜索引擎或在线市场，并且这些数字服务活动同时产生了：全球年收入超过 5 亿英镑，且英国年收入超过 2500 万英镑。您需要在第一个数字服务税会计期结束后的 90 天内注册。（2）注册需要什么：联系人的姓名、电话号码和电子邮件地址；了解您的第一个数字服务税会计期开始和结束的时间；负责成员的政府网关用户标识和密码；如果您是集团成员，还需要您的集团最终母公司的名称和注册办公地址。（3）如何注册：您必须使用在线服务注册数字服务税。要注册，您需要该集团负责成员的政府网关用户标识和密码，如果该公司不属于某集团，则注册您想注册的公司。如果您没有用户标识，您可以在注册时创建一个。（4）注册结果：我们会通过电子邮件给您发送一个注册号。支付数字服务税时，您需要这个号码。（5）更改您的详细信息：您需要在变更后的 90 天内告诉英国税务海关总署（Her Majesty's Revenue and Customs, HMRC）您的注册信息发生了变化。要更改您的详细信息，需要向指定邮箱发送修改申请。（6）取消注册：如果您想取消您的数字服务税注册，您需要通知 HMRC。您可以从提出请求之日或以后的某个日期取消您的注册。

计算您的数字服务税指南包括您需要什么、计算您的数字服务税、替代费用、您必须保留记录以支持您的计算、如果 HMRC 不接受您的计算五个子环节。（1）您需要什么：计算出要支付的金额，您需要知道：您的哪些业务活动适用数字服务税、会计期间英国数字服务总收入、您在这些商业活动中从英国获得的营业利润。出现以下情况时，您无须为活动收入支付数字服务税：您的公司在英国用户的活动中亏损、收入与英国用户无关、收入低于数字服务税预算门槛。（2）计算您的数字服务税：对于每个活动，如果一个集团不选择使用替代费用计算数字服务税，您可以使用以下步骤计算应纳税额。（i）查找该活动相关会计期间集团的英国数字服务总收入。（ii）集团来自数字服务活动的净收入是第 i 步的收入减去 2500 万英镑的年度免征额。（iii）集团数字服务税总额为净收入的 2%。（iv）集团内各公司的数字服务税数额为集团数字服务税总额的适当比例。（v）集团中每个公司的税额将与该公司相对于集团其他公司产生的数字服务税额存在一定比例关系。（3）替代费用：集团可以选择使用替代费用来计算数字服务税，这有利于那些在数字服务活动中亏损或英国运营利润率低的集团。该选择适用于各类数字服务活动。您可以使用以下步骤计算应纳税额。如果一个类别中有一个以上的数字服务活动，该类别中的所有活动均应按以下步骤计算总收入和总支出。例如，如果有三个社交媒体平台，应分别按步骤计算所有三个社交媒体平台的总收入和总支出。（i）查找集团在相关会计期间所有应税活动的英国数字服务总收入。（ii）在每个数字服务活动类别（社交媒体平台、搜索引擎和在线市场）之间分配该金额。（iii）将2500万英镑年度免征额分配给三类数字服务活动。您可以通过将步骤ii中的收入除以步骤i中的总收入来计算。（iv）集团每类数字服务活动的净收入是第ii步的收入减去第iii步确定的免征额。（v）计算应列入的各类数字服务活动的营运利润率。为此，计算第ii步中的该类数字活动的收入，并扣除任何相关的运营费用和其他费用。将这个数字除以步骤ii中的收入，计算该类活动的营业利润率。（vi）本集团选择根据替代费用计算的各类数字服务活动的税额使用以下公式计算：0.8×营业利润率×净收入。（vii）不受选择约束的各类数字服务活动的税额为净收入的 2%。（viii）将步骤 6 和步骤 7 中的税额相加，结果就是“集团数字服务税总额”。（ix）集团内各公司的数字服务税数额为集团数字服务税总额的适当比例。集团中每个公司的数额将与该公司相对于集团其他公司产生的数字服务收入存在一定的比例关系。（4）您必须保留记录以支付您计算的税额：负责成员必须保留和保存记录，以使其能够提交正确和完整的数字服务税申报表。这些记录可能包括：交易记录；财务管理报告；会计报告；使用的任何其他相关文件或记录，如用于识别用户通常所在位置的证据。（5）如果 HMRC 不接受您的计算：如果 HMRC 不同意您的计算，税务会检查您的税收事项以确保您支付的金额正确。

支付您的数字服务税指南包括何时支付、如何支付两个子环节。（1）何时支付：您需要在会计期结束后的 9 个月零一天内支付您所欠的所有数字服务税。（2）如何支付：您可以通过以下方式付款：网上银行或电话银行、邮寄支票。您不能通过直接借记支付您的数字服务税。付款前，在您注册完数字服务税之后，HMRC 会给您一个 15 位数的以 X 开头的注册号。您可以通过登录您的数字服务税详细信息或者在您注册后收到的确认邮件中找到这个注册号，您需要使用此注册号来支付款项。到账时间取决于您支付方式。网上银行或电话银行、自动清算支付系统（Clearing House Automated Payment System，CHAPS）系统在同一天或者第二天到账，银行自动结算系统（Bankers' Automated Clearing System，BACS）小额支付系统、支票在 3 个工作日内到账。如果最后期限是在周末或银行假日，需要确保您的付款在最后一个工作日到达 HMRC，除非您是通过快速支付（网上银行或电话银行）方式支付的。

提交数字服务税申报表指南，包括谁应该使用这项服务、提交申报表注意事项、您需要提交什么、如何提交申报表、修改以前的申报表五个方面。（1）谁应该使用这项服务：您是登记纳税人并且您的企业为英国用户提供社交媒体平台、搜索引擎或在线市场服务，同时，这些数字服务会产生以下两种结果：全球年收入超过 5 亿英镑且英国年收入超过 2500 万英镑。如果您已经注册为一个集团，您的负责成员必须提交贵集团的申报。（2）提交申报表注意事项：您必须在数字服务税会计期结束后的 12 个月内提交您的申报表；您可以在需要提交申报表时登录服务查看日期；如果您不及时提交申报表，将会受到处罚；您只能在您报告的会计期结束后提交申报表。（3）您需要提交什么：您申报时需要提交：（i）贵集团在此期间的应纳数字服务税总额；（ii）贵集团中每个有应纳税额的公司的名称、地址和金额；（iii）从英国数字服务总收入中扣除

2500 万英镑的年度免征额。如果您选择替代费用模式，您需要告诉我们:（i）您的企业在活动中是否亏损;（ii）您选择替代费用时集团每项活动的运营利润率。如果您正在报告在线市场活动，您还需要告诉我们您是否在跨境交易中要求减免，以及从收入中扣除的减免金额。（4）如何提交申报表：您必须使用在线服务提交您的数字服务税申报表；您需要使用用于注册数字服务税的政府网关用户标识登录该服务。（5）修改以前的申报表：如果您提交的申报表包含不正确的信息，您必须使用在线服务进行修改；您需要提供与提交该期间的申报表相同的信息；您可以在与申报表相关的每个数字服务税会计期结束后的两年内修改申报表。如果您有欠缴税款，如果修改后您的申报表显示您支付的税额不足，您需要支付您已支付金额与正确数字之间的差额。您应该尽快完成支付，因为 HMRC 会计算并收取您所欠的利息，直到您付清欠款。如果您多支付了税款：如果申报表修改后您发现多支付了数字服务税，您可以申请退款，但所申请的退款不能超过您在进行修改期间已支付的税额。

【参考文献】

[1]Finance Act 2020[EB/OL].https://www.legislation.gov.uk/ukpga/2020/14/introduction/enacted.2020.11.09.

[2]Digital Services Tax: Detailed Information[EB/OL]. https://www.gov.uk/topic/business-tax/digital-services-tax. 2020.11.09.

【评述】

案例 10 主要介绍英国数字服务税申报流程，对英国政府网站的“纳税人申报数字服务税操作指南”逐条做出详细介绍。这些流程复杂，需要考虑的细节很多，表明一项税收政策从构思到落地实施难度很大，而从一国推广到多国，再推广到欧盟，甚至构建一个在全球大多数国家具备法律效力的数字服务国际税收体系，其间利益协调和政策细节的谈判难度可想而知。

案例 11　用户国：对跨国数字企业的其他反制

法国政府已经放弃谷歌，转而使用国内搜索引擎 Qwant，这可能是法国政府反制美国数字企业的一项新举措。从政治安全来讲，法国政府担心美国政府的间谍活动。Qwant 不同于谷歌，它不跟踪用户（或者至少它声称不跟踪）。谷歌跟踪用户是法国政府官员的担忧之一，因为美国情报机构被允许访问公司云数据，无论这些公司位于何处。因此，法国国民议会和法国陆军部已经把 Qwant 设为默认搜索引擎，把谷歌丢进了垃圾箱。此外，Qwant 从未成为重大数据泄露丑闻的受害者。当然，它每天只处理大约 1000 万个搜索查询（相比之下，谷歌每天处理 35 亿个），不到谷歌查询量的 0.3%，所以与硅谷的同类产品相比，它并不完全是一个数据宝库。从经济安全来讲，法国政府有其税收利益的考虑。"出于数据主权的原因，欧洲的一些国家面临着很大的压力，它们既要将数据保留在境内，还需专注于支持当地的技术公司——特别是那些将在所服务的国家纳税的公司，而这也是一些全球科技巨头被诟病的所在"，法国人已经明确表示，他们"非常担心"美国科技巨头的垄断。

有人担心法国是否会在科技领域对其他国家的企业采取类似举措，这一决定是否会导致其他国家也采取类似举措。“看看其他国家和地区效仿法国的做法会很有意思——法国人歧视全球云服务提供商的方式是否和歧视全球搜索引擎一样？”选择 Qwant 而不是谷歌，正值马克龙和美国总统特朗普关系紧张之际，这可能被视为法国远离美国的又一次转变。在此之前，马克龙提出需要一支欧洲军队来保护欧洲大陆，抵御中国、俄罗斯，甚至美国的威胁。

【参考文献】

[1]French Govt Offices Ditch Google for Local Search Engine Qwant in Another Possible Anti-US Move [EB/OL]. https://on.rt.com/9j41. 2020-11-09.

【评述】

案例 11 从另一个角度说明数字服务税不仅仅涉及经济问题，更涉及网络时代的政治安全和权力均衡。中国社会科学院专家认为：“数字服务税很可能从美欧的规则博弈升级为全球更广范围的贸易摩擦。这一演变凸显了各国对‘数字主权’的争夺日趋激烈，对数字经济时代新的税收规则形成了巨大的挑战。”

对数字经济征税，已经与报复性关税一样，成为一种可以兼顾经济利益和政治施压的手段。限制跨国数字巨头企业在本国的经营能否成为网络时代应对信息安全问题的一个有力解决方案，不同学者的看法见仁见智，但可以预见的是，限制跨国数字企业在市场国的运营，这种类似贸易战的方式对于数字经济的蓬勃发展而言，也许并不能换得一个双赢的结果。

四 数字巨头应对数字服务税的策略

案例 12 和案例 13 展示了在数字服务税的多方博弈过程中，除了生产国和市场国政府之外，跨国数字企业这一重要利益主体的应对方式。面对市场国和生产国越来越明显的征税意图，数字经济领域的巨头当然不会坐以待毙，它们采取多种方法避免被政府征税，不仅动用经济手段或其他方式分散利润，还发动自己的游说集团对立法工作施加院外压力。案例 12 展示了跨国数字巨头与征税主体之间的直接对抗，包括直接指责数字服务税不符合国际税收政策原则、将本应被征税的利润转化为奖金发放给公司员工等。案例 13（包括案例 12 的一小部分内容）则是跨国数字巨头利用舆论为自己造势，要求政府应该将注意力放在应对疫情上，而不是对数字服务税斤斤计较；同时借助学者之口指出数字服务税最终会转嫁给消费者、会打击市场国自身的市场和企业，侧面向数字服务税的立法主体施加压力。这些案例都体现出跨国数字企业在享受巨额经济利益的同时，已经渐渐掌握了越来越巨大的媒体和政治力量，成为数字服务税博弈中不可轻视的一股力量。

案例 12　数字巨头：对数字服务税的反应策略

总的来说，数字巨头对数字服务税有以下几种有代表性的应对策略。

一　为员工发放奖金回避公司税

2018 年，Facebook 的 850 名英国员工预计将会获得巨额奖金，因为这个数字巨头希望在该年年底前支付 2.8 亿英镑，以规避公司税。据《星期日泰晤士报》报道，Facebook 伦敦办事处的员工每人将获得约 69 万英镑的收入。

Facebook 的交易存在税收疑问，发放奖金的新消息只会加深人们的怀疑。独立研究机构高薪中心主任斯特凡·斯特恩（Stefan Stern）在一份声明中说："（Facebook）在税收方面有太多的小伎俩，透明度也不够。对于一些努力工作和才华横溢的 Facebook 员工来说，这些奖金可能是个好消息。但如果这意味着公司可以缴纳更少的税收，对我们其他人（包括政府和其他纳税人）来说则是个坏消息——如果这一避税措施得以实现的话。"

二　出庭作证拒绝数字服务税

2019 年 8 月 17 日，美国政府就法国政府的数字服务税举行听证会，谷歌、亚马逊等数字巨头出庭作证。亚马逊的国际税收政策主管彼得·希尔兹（Peter Hiltz）在美国贸易代表办公室听证会的书面证词中表示，通过亚马逊在法国的网店销售的美国产品和服务将因征税而产生更高的成本，超过 1 万家法国中小型企业在亚马逊的网上商店进行销售，从 2019 年 10 月 1 日起，在亚马逊上进行销售的某些费用将提高 3%。Facebook 全球税务政策负责人艾伦·李（Alan Lee）的证词称："虽然我们可能有相关的数据来计算税收，但需要额外的时间和资源来获取这些数据，以维持新的税务和审计目的。"这项税收"给 Facebook 的商业模式带来了困难，并将阻碍数字经济的增长和创新"，需要对其系统进行重新设计。谷歌贸易政策顾问布拉姆布尔（Nicholas Bramble）在书面证词中表示，法国的税收"与由来已久的税收规则大相径庭，而且只针对一小部分企业"，而且数字活动是在法国还是在其他地区提供的，可能会引发争议。爱彼迎（Airbnb）、亚马逊、Expedia Group、Facebook、谷歌、微软和推特（Twitter）等公司在给美国贸易代表办公室的联合书面证词中表示，这项税收"不合理，因为它违反了国际协议，具有歧视性、追溯性，不符合国际税收原则"。

三　游说政府减少税收

2020 年 5 月 29 日，今日俄罗斯（RT）新闻称，随着世界很多地区被迫封闭，企业破产，而数字科技公司开始进行大量并购，公司估值达到创纪录水平，它们比以往任何时候都富有。英国《金融时报》援引路孚特（Refinitiv）的数据称，五大数字巨头——亚马逊、字母表（Google 母公司）、苹果公司、微软和 Facebook——当年宣告了 19 次并购，是五年来最快的并购速度。它们的目标是受新冠肺炎疫情影响的小型企业。该报援引智库公开市场研究所（Open Markets Institute）法律主任桑德普·瓦希桑（Sandeep Vaheesan）的话说："这些公司已经非常强大，但它们做好了成为新冠肺炎疫情更大赢家的准备，除非采取一些立法行动。"但就在一个月前，行业游说机构 TechUK（其数百名成员包括 Facebook、谷歌、苹果公司和亚马逊等）以新冠肺炎疫情为理由催促政府"重新审视"数字服务税。

【参考文献】

[1]Facebook to Hand Staff £280mn in Bonuses "to Cut Corporation Tax Bill"[EB/OL]. https://on.rt.com/76cg. 2020-11-09.

[2]Google, Facebook, Amazon to Testify in US against French Digital Tax [EB/OL].https://www.cnbc.com/2019/08/14/google-facebook-amazon-to-testify-in-us-against-french-digital-tax.html. 2020-11-09.

[3]Death & Taxes: Big Tech Lobbies not to Pay Much Tax after

Making a Killing on Covid-19 Pandemic [EB/OL]. https://www.rt.com/news/490184-tax-big-tech-covid/. 2020-05-29.

【评述】

数字服务税加重了数字巨头的税收负担，由于数字服务税属于单边措施，没有办法纳入消除重复征税的国际税收规则，自然会受到数字巨头的强烈反对。应该说，数字巨头的参与也是国际税收多边改革方案的重要推力。

案例 13　数字服务税：到底征了谁的税？

在英国政府的税务磋商之后，人们越来越担心谷歌、Facebook 和亚马逊等数字巨头利用了一系列避税手段，未能公平地缴纳税款。因此，英国政府正在考虑实施新的税收规则。2018 年 2 月，分析师警告称，如果英国实施这些计划，让谷歌、Facebook 等数字巨头缴纳公允的税款，可能会伤害英国，进而可能使英国成为“局外人”。对一个国家的收入或者另一个国家的利润征税，都不利于吸引投资。安永会计师事务所（Ernst Young）的克里斯桑格（Chris Sanger）在《每日电讯报》称：“这些数字巨头是在英国赚取利润，但这些利润没能在英国征税，而是在其他地方征税。因此，这实际上是政府之间围绕征税权的斗争。它们想做的是推翻现状，这将导致双重征税。我们尽量避免这种情况，因为它对企业投资形成了真正的阻碍。”Katten Muchin Rosenman 公司的合伙人桑吉·梅塔（Sanjay Mehta）对此表示赞同。她在英国《金融时报》上称：“如果实施这种新方法，使收入而不是利润被征税，这可能大幅增加英国在科技行业的税基。然而，这将使英国在国际税收原则方面处于局外人的地位。”

2020 年 7 月，英国数字服务税在获得批准后成为法律，对于社交媒体平台、互联网搜索引擎和在线市场的收入征收 2% 的税收。在制定税收政策时，立法者经常忽略税收的最终归宿，或者谁实际上支付了税款。很多时候，这和法律要求谁纳税是不一样的。因为大型数字公司被征收 2% 的税收，并不意味着这些公司将承担全部税收成本。据彭博社报道，亚马逊宣布从 2020 年 9 月开始将英国卖家的各种费用提高 2%。2019 年时，亚马逊宣布对法国卖家征收类似的费用，当时法国采用了 3% 的数字服务税。法国和英国的数字服务税可能会给企业带来巨大的成本，尤其是利润率较低的企业。美国在线零售商（包括亚马逊线上销售货物）的平均毛利率为 4.6%。数字服务税不是按盈利的比例征税，而是按收入的百分比征税。对利润率为 4.6% 的企业征收 2% 的税收，将导致实际有效税收负担率变为 43.5%。随着数字服务税收政策继续执行，政府应该明白，针对外国数字公司的税收最终很容易打击国内企业和消费者。

【参考文献】

[1]Making Google and Facebook Pay Fair Amount of Tax could Hurt UK, Analysts Warn[EB/OL]. https://on.rt.com/8zsp. 2020-11-09.

[2]Daniel Bunn. Who Will Ultimately Pay the Digital Services Tax in the UK? Amazon Passes the Cost along

to Sellers[EB/OL]. https://taxfoundation.org/who-will-ultimately-pay-the-uk-digital-services-tax-amazon-passes-the-cost-along-to-sellers/. 2020-11-09.

【评述】

数字服务税的实际负担者是谁，这一问题需要进行更加科学严谨的考虑。本文中作者提出，在短时间内由于数字巨头处于垄断地位，数字服务税的负担实际上是由其下游企业或者消费者承担，通过提高服务费，互联网企业实际上将税负大部分甚至全部转嫁给了消费者。在短期内，这可能对下游企业的经营决策产生重大影响。另一方面也要看到，长期来看，数字巨头也存在更替，没有一家公司不需要面临挑战，新晋挑战者如果能够降低自身成本，同时降低向下游企业收取的服务费费率，则更容易取得下游企业和消费者的偏好。

案例14 跨国公司的国别公开报告：防止避税的重要手段

FACT（Financial Accountability and Corporate Transparency）认为跨国公司海外避税的规模巨大。据估计，仅美国跨国公司就积累了2.6万亿美元的离岸未征税利润，未缴联邦税约7670亿美元。

多年前的某个时候，有人可能会说，离岸资金对一家公司的盈利而言不够重要，不足以对投资者产生重大影响。现在情况不一样了，我们（而且已经有一段时间）处于经济全球化之中。保守估计（因为没有完整的数据）会是惊人的巨额资金，仅苹果公司的海外利润就在一年时间里增长了300多亿美元（2015~2016年）。瑞士信贷发现，许多大公司的表外税务负债可能超过其税负总值的10%。跨国公司不公开报告它们在何处取得利润或纳税，将有助于掩盖整体情况，助长避税天堂的滥用，削弱投资者和纳税人对金融体系的信心，由此带来的风险剧增。

应对方案是跨国公司必须每年提供国别公开报告，信息包括税前损益、本年度应纳所得税、来自非关联方和关联方的收入及合计数、已付所得税（现金）、有效税率、法定资本、累计收益、雇员人数以及现金或现金等价物以外的有形资产的价值。许多国家已开始采取行动，披露更多关于公司账面利润、收入和纳税的信息，这将带来很多好处。从纳税人来讲，可以阻止公司滥用避税计划从而保护纳税人；从股东来讲，提供与其投资相关的风险信息，可以保护股东；从政策制定者来讲，在国会考虑修改税法时，政策制定者会更有目的性。

在美国，大公司已经将大部分信息上报给了美国国税局。其他几十个国家的税务部门也收集同样的信息。但是，这些信息不是公开的，所以对投资者或决策者没有帮助。由于这些信息已经被收集，进一步公开这些信息不会增加任何新的重大负担。事实证明，许多金融机构和采掘业公司在向欧盟提交公开文件时已经提供了大部分信息，没有造成不利的经济影响。欧盟还要求所有在欧洲运营的公司提交国别公开报告。美国《避税天堂和离岸披露法案》（Disclosure of Tax Havens and Offshoring Act）已要求大型跨国公司按国别向证券交易委员会公开报告：包括子公司、主要活动、收入、利润、税收、员工人数、规定资本、累计收益和有形资产的列表。这是国别公开报告取得的重大进步。截至 2020 年 8 月，在美国要求提供跨国公司国别公开报告得到了投资者、工会、小企业协会和非政府组织的广泛支持。

【参考文献】

[1]FACT Sheet(2017.09): Public Country-by-Country Reporting[EB/OL]. https://thefactcoalition.org/wp-content/uploads/2017/09/FACT-Sheet-CbCR-Sept-2017-FINAL.pdf. 2020-11-09.

[2]FACT Sheet (2020.08): Endorsements for Country By Country Reporting [EB/OL]. https://thefactcoalition.org/fact-sheet-endorsements-for-country-by-country-reporting/. 2020-11-09.

[3]FACT Sheet (2020.10): Greater Corporate Tax Transparency: the Case for Public Country-by-Country Reporting[EB/OL]. https://thefactcoalition.org/resources/fact-sheets/. 2020-11-09.

【评述】

长期以来，跨国公司海外避税问题一直是一个与国家经济主权和财政收入紧密相关的问题。本文从新型国际税收信息监管视角指出了海外避税对投资者信心的影响。首先，对于投资者而言，企业如果不能公开其从何处取得利润，可能会导致外部投资人对企业了解不足，使投资者丧失信心。其次，国际避税对跨国公司而言影响较大，因而对于投资者的预期收益也是一个重大的影响因素。目前，谷歌、苹果公司等跨国公司在全球特别是欧盟地区面临的税收成本增加，是这一问题的集中表现。通过跨国公司的国别公开报告，我们可以解决这样的问题：投资者与公司内部的信息不对称情况会相应减轻，同时有利于加强对跨国公司国际避税的监督。

五 居民国应对数字经济之道

作为培育了诸多数字巨头的“自由市场”灯塔，美国无疑享受了数字经济带来的巨大红利。然而在数字服务税谈判过程中，美国处处阻挠，甚至在奥地利、英国、印度、意大利、西班牙及土耳其等国宣布推出数字服务税后，美国还宣布以征收关税的方式来对这些国家进行威胁，美国贸易代表办公室（USTR）出具的报告也毫不掩饰对于压制竞争对手、独占数字经济红利的态度。以上举动都表明，维护美国的利益是美国外交政策的核心，任何有损美国全球利益的行为，都将招致美国的报复。

案例 15 USTR 调查结果

美国贸易代表办公室（Office of the United States Trade Representative，USTR）由美国国会根据 1962 年的《贸易扩张法案》创建，从 1980 年卡特总统任内开始，美国贸易代表办公室被授权制定并管理美国全部贸易政策。

2017 年 3 月底，美国贸易代表办公室发布了《2017 年国家贸易评估报告》，突出强调了对华“安全可控”政策的重要性和服务贸易壁垒，对中国制造业发展战略和所谓的中国“数字贸易壁垒”更是提出了诸多指责。在这份报告中，除了一贯被美国关注的中国农业、技术转移等领域，美国贸易代表办公室还首次关注并指责中国政府对金融服务公司的外国股权设限，以及“恶意”持续注册商标等非传统领域问题。

而在《2017 年国家贸易评估报告》中，最引人注目的是该报告花了较大篇幅分析其认定的中国的“数字贸易壁垒”问题。在这一部分，报告涉及云计算限制、网页过滤和屏蔽、语音电话协议（VoIP）服务、域名规则、网络安全法和特定产业部门法律实施数据和设施本地化、在线视频和娱乐软件限制与加密，以及对互联网支付服务的限制等诸多方面的内容。通过对这些内容的突出强调，美国贸易代表办公室意图将中国描绘成 2018 年乃至未来美国数字贸易的主要障碍。

该部分的概述指出："中国的互联网监管制度是限制性的和不透明的，影响了通过互联网进行的广泛商业活动。另外，中国对寻求参与云计算服务开发的外国企业的处理方式，以及通过互联网提供的计算机数据及其存储服务，都需要我们密切关注。"报告显示，美国正在根据中国基于《服务贸易总协定》（GATS）做出的承诺，审查中国的云服务措施。报告称，虽然中国的《服务贸易总协定》承诺包括了目前为提供云服务而开放的两个政策框架，但中国在该行业对外资的进入是封闭的，是为了限制外国云服务"跨国界"渗透进中国。为支持其结论，报告援引了中国 2016 年底发布的一份关于云计算的通知草案，草案中有一项名为"清理和管理互联网接入服务市场"的措施，是禁止中国电信运营商向海外数据中心提供线路出租或虚拟专网连接。报告称，美国已向中国提出了这个问题，并将继续基于中国在 WTO 项下的义务对此进行评估，"美国将努力确保继续向中国提供合法的跨境服务"。此外，美国也在审查中国关于提供在线视频和娱乐软件的限制措施是否符合《服务贸易总协定》项下的承诺。

报告中强调了内容审查的要求、国内投资的要求以及关于视频分配平台应为国家所有的相关措施。在网页过滤和屏蔽部分，报告重申了 2016 年提出的中国"长城防火墙”的问题，称“供应商、网络服务和产品用户”的成本因此明显增加。在VoIP服务部分，报告指责中国限制了与所谓的传统电话号码进行连接的服务能力，因为VoIP服务使用户能够通过互联网拨打电话。报告认为，“这种限制没有明确的理由，剥夺了消费者对有效沟通手段的选择权，因此美国要继续主张取消这种限制”。

本次报告还对2016年提议的规则提出了疑问，这些规则是针对互联网域名管理的，“中国也会对许多网络服务提供关键投入”。美国贸易代表办公室称:“尽管中国澄清说，有人认为这些规则是要试图阻止进入没有在中国注册的网站，这些最初的担心是对规则的误解，但我们仍然要关注中国打算如何实施关于注册和使用域名及其他网络资源的要求。”报告也指责了中国2016年11月颁布的《网络安全法》，认为该法限制了云计算和其他基于数据和设施本地化政策提供互联网相关服务的市场准入，包括被确定为关键性的服务。报告称，这种发展态势引起了美国及其他外国企业的重视，美国将持续密切关注中国在这一领域的发展。在加密问题上，报告将“入侵审批程序”和“强制性使用本地加密算法”标记为贸易壁垒。对此，美国将继续监督现行规则的执行情况，并将继续对引入的一些新要求保持警惕。在互联网支付服务问题上，报告指出，中国人民银行2010年对非银行网上支付服务供应商发布的规定导致只有2家外国投资供应商获得有限服务的许可证，并指出中国人民银行要求在中国的供应商将数据和设施本地化。

在数字贸易领域，美国对其传统盟友也并不客气。2020年6月2日，USTR宣布，将根据美国《1974年贸易法》第301条，针对近日欧洲、亚洲等国已经或正在考虑的数字服务税政策是否对美国企业商务行为造成不利影响展开调查。这项规定赋予美国贸易代表办公室广泛的权力，可以调查和回应外国可能存在不公平的或歧视性的、对美国商业产生负面影响的行为。为此，美国贸易代表办公室还专门发布了一份联邦公告，罗列了本次调查的详细信息。“特朗普总统担心，我们的许多贸易伙伴针对我国公司正在采取不公平的税收计划。”美国贸易代表罗伯特·莱特希泽说：“我们准备采取一切适当行动，保护我们的企业和工人免受任何此类歧视。”

【参考文献】

[1]FACT Sheet (2020.02): USTR Initiates Section 301 Investigations of Digital Services Taxes[EB/OL]. https://ustr.gov/about-us/policy-offices/press-office/press-releases/2020/june/ustr-initiates-section-301-investigations-digital-services-taxes.

【评述】

USTR 的报告反映了中美在数字贸易方面和数字经济发展方面的激烈竞争，也反映出数字经济领域的竞争已经成为未来国家竞争的重要方面。一些国家开征数字服务税等措施主要针对部分数字经济巨头的跨境所得，与国内支持和鼓励数字经济发展并不矛盾。而正是数字经济发展的不均衡，导致了各国在数字经济税收利益上的争端。

案例 16　美国：边境调节税与目的地现金流量税

目的地现金流量税（Destination-based Cash-flow Tax，DBCFT）的概念实质上和边境调节税（Border Adjustment Tax，BAT）是相同的，它并非一个独立的税种，而是对美国原有企业税收结构进行的改革，因为边境调节税的表述相对来说不够全面，仅体现了这一税改理念的一个方面。2016 年，美国众议院共和党提出了目的地现金流量税的提案，尽管这一理念在学术界提出已久，却是首次作为一项政治提案被提出。目的地现金流量税的提出修改了美国现行商业税收结构的两个要素，即针对境内商业活动和境外商业活动的征税原则的变化。首先，对境内商业活动来说，目的地现金流量税的提出意味着计税依据从所得收入转变为现金流量，意味着用当期投资费用代替折旧免税额，并且取消非金融公司的利息扣除。而针对境外商业活动来说，目的地现金流量税将取代目前的国际税收原则，意味着由过去的居民管辖权和来源地管辖权兼有的税权划分模式转变为来源地管辖权，除此之外，与增值税制度类似的是，目的地现金流量税也会进行边境调整，即调整出口商品的收入和进口商品的成本实现出口商品的减免和进口商品的征税，尽管边境调整仅是提案的一个组成部分，却是学术界和社会上讨论的重点，因此也称为边境调节税。

如果将私人GDP（GDP-G）分为劳动的回报以及资本的回报，那么目的地现金流量税就可以分为两部分，一部分是劳动收益率，另一部分是企业现金流的边境调整，因此目的地现金流量税相当于对消费净劳动征税，也可以认为是增值税和同等税率工资补贴的结合。

美国之所以提出要实行目的地现金流量税，主要是基于以下几方面的考虑。由于跨国商业活动的增加，企业面临的实际税率下降，这导致了政府无法获得合理的财政收入，这些收入的来源相对于过去更多地依附于无形资产，导致在原有的税权分配原则下无法有效改善税收流失问题，而目的地现金流量税提供了一个解决这些问题的思路。

美国现行税收制度所存在的问题都和美国的法定税率有关，而解决这些问题的一个简单对策是大幅度降低公司税率，但是这样会给美国财政收入带来巨大损失，而一国降低税率之后还会引起其他国家报复性降低税率，这些都说明采用降低税率的方式在长期并不可行。其他改革方案试图改变原有的税收结构，如许多人提议美国采用属地税制，放弃对美国公司的剩余索取权，尽管向属地税制转变有助于解决与美国居留权相关的问题，但是会增加人们转移海外利润和活动的动机。

相比之下，目的地现金流量税的提案不再以单纯地降低税率作为改革的方向，而是和属地税制一样，不对美国公司的境外收入征税；但是由于边境调整抵消了跨境交易的相关收入和支出所涉及的税收，因此与属地税制相比它减少了利用转让定价转移企业利润的动机；而事实上，如果其他国家仍维持现有的税收制度，其税收收入仍然会因此增加。

【参考文献】

[1]Auerbach A. Demystifying the Destination-based Cash-flow Tax. 2017. https://www.nber.org/papers/w23881.

【评述】

数字经济对传统的国际税收制度造成冲击，而这种冲击对不同国家税收的影响路径并不完全相同。对于像美国这样的数字经济输出大国来说，数字经济的繁荣发展涵养了丰富的税源，但也滋生了新的避税方式，特别是无形资产的转让定价仍是防范国际避税的一大难题，因此美国有动机去改革现有的所得税制度，减少税源的流失。目的地现金流量税虽然提出已久，但是首次在政治上作为提案提出，很大程度上是由于该税改和特朗普政府政治立场的高度一致性，符合“美国优先”原则，且在短期内有助于减少资本的外流。但这样的单边提案并不能解决长期国际税收问题，甚至可能违反 OECD 在直接税方面的相关规定。

案例 17　目的地现金流量税：是不是一个糟糕的主意？

知名经济学家尼克·沙克森（Nick Shaxson）2019 年 3 月在税收正义网（Tax Justice Network）发表博文《目的地现金流量税是个糟糕主意的十大理由》（Ten Reasons Why the Destination Based Cash Flow Tax is a Terrible Idea），认为目的地现金流量税存在十大弊端，不可能作为数字经济下国际税收制度改革的方向。

文章开篇讲到，现在需要对国际税收制度进行一场彻底的改革，大型企业也意识到这一事实。改革必须紧急转向正确的方向。关于税制改革如何发展，有三种主要且相互矛盾的观点。一是试图修补现有系统。这就是经合组织提出的“税基侵蚀与利润转移”（BEPS）项目，该项目现状复杂，且互相不一致，因为正如我们所说的，支撑该系统的基本原则是不可行的，但这个系统还会持续一段时间。二是单一税，按公式分配。作者认为这是税制改革的首选，因为有利于富国和穷国，也将为跨国公司征税提供一致的基础。三是目的地现金流量税。这也是特朗普政府在 2016 年提出的一项戏剧性税收改革提案的核心，即所谓的“瑞安蓝图”（Ryan Blueprint），但从未实施。

作者认为，目的地现金流量税是有进步性的，可以消除增加债务的诱因、应对寻租、创造就业机会和增加出口——乍看起来似乎达到了诸多好的效果。

第一，它可能会使许多国家或地区产生负财政收入。在给《金融时报》写信回应其首席经济评论员马丁·沃尔夫的文章时，美国贸易经济学家威尔·马丁解释说："这种税收是基于净收入的，是个人的最终消费减去工资，很多经济体的净收入是负的。"他在电子邮件中又进一步解释说："如果经济中的消费低于工资，税收将为负数。如果大部分的个人最终消费不能征税，那么税收更有可能是负的，这确实是事实——想一想自有住房、非营利组织和金融部门所提供的服务。即使没有这些例外，法国和德国等国家的税收收入也将是一个很大的负数。"

人们很少注意到的一个问题是，计量中税收收入的一大部分不是经济方面的税收收入，而是政府的消费税收部分。当政府购买商品或服务时产生了消费税，此时税收收入是实际存在的，但是从经济角度看，实际上，由于消费税增加了这些商品和服务的成本，所以税收收入中不包含这部分。因此，政府无法通过购买商品和服务来增加税收收入。有关负收入的更多信息，请参阅威尔·马丁发表于《世界经济》的论文，它分析了目的地现金流量税和特朗普政府的提案，这似乎是关于该主题的仅有的同行评审论文。

第二，如果一个大国采用它，将会给其他国家带来反弹和溢出效应，迫使这些国家效仿，无论它们是否愿意。这是因为转移到实行目的地现金流量税的国家的那部分利润都将免税，这给跨国公司转移自己的利润提供了巨大的动力。此外，在实行目的地现金流量税国家的外国投资者将无须对从出口市场获得的利润缴纳税收。其他国家会因为资本撤出本国而感到愤怒，并进行报复。在世界上确实不需要目的地现金流量税，目的地现金流量税会遭到他国的强烈反对。

第三，这将沉重打击极度依赖企业税收的发展中国家（因为很难对大量穷人征税，企业税作为此类国家的替代收入来源尤其重要）。正如国际公司税改革独立委员会（ICRICT）最近指出的那样："消费市场较小的发展中国家，特别是那些依赖出口矿产资源的国家，开征目的地现金流量税不会增加收入，因为出口不征税，而利润仅在进行销售的国家或地区征税。"

目的地现金流量税的全球主要支持者 Mike Devereux 在写给《金融时报》的信中回应说："国际货币基金组织的经验证据驳斥了目的地现金流量税'将世界上较贫穷地区和国家的应税收入重新分配给最富裕地区和国家的说法'，即'发展中国家将会受益于目的地现金流量税'"。

国际货币基金组织的全文中确实提到过这些说法。但是，这绝没有反驳我们的说法：实际上正相反。IMF 的计算结果是从假设“全球普遍采用”的模型中得出的。换句话说，世界上每个国家都必须采用目的地现金流量税，才能维持这种模式。但这不会发生，尤其是基于此博文中列出的原因：许多国家或地区将获得负收入。

而且，国际货币基金组织的假设没有考虑到征收税款有多难的问题，这在征税能力普遍较弱的发展中国家尤其是个大问题。更重要的是，我们认为国际货币基金组织的模型并未考虑上述第一点提到的庞大的“政府消费”问题。

第四，企业所得税除了可以增加财政收入外，还有许多关键功能，因此取消企业所得税也会消除它的关键功能。其中最重要的可能是企业所得税在个人所得税体系中的支撑作用。这是因为如果将公司税率降得太低，富人会注册空壳公司，以便将其普通收入转换为公司收入，从而承担较低的公司税而不是普通的个人所得税。这蚕食了所得税制度，收入损失巨大（这是多数国家首先建立企业所得税系统的主要原因之一）。目的地现金流量税取消了这项对所得税系统的支持，是因为它是一种基于销售的税，这些个人控制的公司通常不从事销售业务，它们是为积累（和递延）收入和资本收益而设立的。

与此相关的是，企业所得税也渗透到诸如信托和其他重要的金融手段中，以持有不被纳入统计的财富：即使这些手段的受益人能够逃避对他们的收入进行征税，但其背后的公司是确实要缴纳企业所得税的。企业所得税还有许多其他重要作用，废除它会产生广泛的危害（正如我们在《捍卫企业所得税的十大理由》一书中所指出的那样）。

第五，如果该税被一个或多个大型经济体采用，则可能对世界贸易体系造成巨大冲击。专家们对这种情况发生的方式或影响的程度有不同的看法。进口税很可能震荡，可能由此引发贸易战，甚至让WTO面临重大挑战。的确，当前的全球贸易规则和WTO机制不是无可辩驳的，但我们并不反对跨境贸易的一般原则，而这种草率的税制并不是解决之道。

第六，目的地现金流量税可能会给采用这一税种的国家带来巨大的破坏性价格变化，这是因为采用目的地现金流量税意味着对整个经济中的商品和服务征收相当的增值税。20%的目的地现金流税相当于25%的增值税，这意味着价格上涨25%。假如再征收25%的增值税，就相当于56%的消费税（即1.25×1.25，按百分比上升），大大高于目前世界上的最高税率：匈牙利的27%。有人说汇率会升值，从而减轻价格影响，但实际上，正如下一点解释的那样，结果是非常不确定的。

第七，由于贸易模式和价格水平的变化，目的地现金流量税可能会对汇率造成猛烈冲击，也会使各种经济决策和货币政策陷入动荡。在分析了一些国家或地区引入增值税时发生的情况后可以发现：实际上，没有人真正知道目的地现金流量税将如何影响汇率。税务专家鲁文·阿维-约纳和金佰利·克劳辛针对美国提出的目的地现金流量税解释道："国际金融的经验研究非常清楚地表明，汇率变动与汇率决定理论一致，只是被分离出来了而已。"更重要的是，汇率升值不是免费的午餐：它与国家内部和国家之间的竞争得失都有关。除此之外，很大程度上还取决于金融权威机构如何应对。

第八，我们已经提出，目的地现金流量税可能会加剧国家之间的不平等（如较贫穷的国家会损失税收收入），但也可能会增加国家内部的不平等。这是因为增值税通常具有递减性，对富人的影响比对穷人小，其负担更多地落在了贫困人口的肩上。假设用目的地现金流量税取代企业所得税（后者往往会落在富裕的资本所有者肩上），则可能严重加剧不平等。的确，给工人扣除工资后缴税对他们有好处，汇率和贸易量的剧烈波动也可能有帮助，但这也很容易走向反面。考虑到增值税的递减程度，不平等可能会加剧。更重要的是，对进口产品征收有效关税可能也会产生递减效应。美国经济学家亚当·波森（Adam Posen）的分析和税收经济政策研究所 ITEP 的分析证明了这一观点。

第九，这项税收将产生强大的顺周期效应，破坏采用该税收的国家经济繁荣与萧条的交替循环，导致收入的波动性极大。这与企业所得税相悖，后者是要使经济波动趋于平稳（利润是周期性的，对利润征税可以缓解周期性波动）。

税收收入本身也会更加不稳定，原因有两方面。一方面原因是公司有可能立即扣减大笔投资，从而在税收上造成突如其来的巨大的空洞。不过，更重要的是另一方面的原因，由于目的地现金流量税是一种有效的销售（或消费）税，同时又扣除了工资，这相当于两个很大但数额接近的数值之间的差额，不可避免地导致收入的不稳定。例如，在美国，自 1950 年以来，其工资总额相当于 GDP 的 60%~66%，个人消费相当于 GDP 的 60%~68%。

第十，如第二点所概述的原因，该系统（如果仅由某些国家或地区采用，而其他国家或地区不采用）可能会使利润转移变得更糟，而不是更好，将利润从未实施目的地现金流量税的国家中吸走，流入实施的国家。国际货币基金组织的研究表明，目的地现金流量税的普遍实施将有广泛的赢家和输家，这意味着许多国家将有抵制新制度的强大基础。

国际货币基金组织的一些文件则表述得更加明确："如果只有一些国家采用目的地的现金流量税，那么那些维持原系统的国家向外部转移利润的动力会大大增强。"

正如国际公司税改革独立委员会指出的那样，打击利润转移与改革现有系统一样困难：“这将给在管辖区内很少或根本没有实体存在的跨国公司征税带来棘手的实际问题，因此有效的征收将需要政府之间的合作。”

出于上述原因，目的地现金流量税可能是取消了一种寻租形式（目前对于支持债务的偏见），但会引入其他几种寻租形式，如搭顺风车免费使用其他人付费的公共服务。取消企业所得税将为一些企业参与者带来一大笔不劳而获的意外收益。蚕食个人所得税的连锁反应是另一笔意外之财。

此外，改革将开辟一系列新的税收筹划机会，而大量的有效消费税的引入将为逃避税收提供新的动力。

例如，考虑到公司的前景，特别是那些企业一般管理费用较低的寻租公司（如技术公司），它们把公司开在实施目的地现金流量税的国家或地区，以便向其他国家或地区出口商品和服务，从而免税。他们将毫无障碍地规避两个税收管辖地的税收。

或者如在《哥伦比亚法律杂志》上的一篇文章中所述，该文章的标题为“目的地现金流量税下的税收规划：政策制定者和从业人员指南”：“可以通过资本投资来产生扣除项目，并可以立即将其支出。例如，在目的地现金流量税下运营的纳税公司，可以通过购买资产并向一些公司租赁资产来产生扣除项的业务（特别是租赁给那些购买设备不能产生扣除项的公司（如出口商）。同样，纳税公司可以购买建筑物，然后将其出租给卖方。购买建筑物将产生扣除额，这可以抵减其他收入。”

上述文章为目的地现金流量税下的经营提供了众多税收筹划策略。ITEP 概述了另一套方法，包括可能被证明是“金融公司聚宝盆”的方案线索。如果实施了目的地现金流量税，税务顾问将忙于设计其他税收筹划方案。事情基本上又回到了起点（新的避税与反避税博弈就此开始）。

【参考文献】

[1]Nick Shaxson. Ten Reasons Why the Destination Based Cash Flow Tax is a Terrible Idea[EB/OL]. https://www.taxjustice.net/2019/03/19/ten-reasons-why-the-destination-based-cash-flow-tax-is-a-terrible-idea/. 2019-03-19.

【评述】

目的地现金流量税看上去十分美好，一方面能够消除寻租行为，另一方面也能够鼓励一国的出口。但是其仍是美国单方的短视行为，不能解决国际税收问题，甚至可能更加激化当今形势下各国在税收方面的矛盾。解决国际税收问题，仍然需要双边和多边的共同合作才能实现。

六　欧盟应对数字经济内部改革之道

欧洲是全世界经济最发达的地区之一，同时也是数字经济极为活跃的地区，欧洲的市场国每年都会因为数字经济征税难而损失大量的税收，造成了企业之间严重的税收不公平。更为关键的是，欧洲存在大量的避税天堂，这些避税天堂基于自身的经济利益，对数字经济改革构成了巨大的阻力，之前我们介绍的数字广告税正是由于欧洲避税天堂的阻碍所产生的折中方案。可以认为，欧洲的数字经济问题是极难解决的，但一旦欧洲的数字经济问题得到妥善解决，那么全世界的难题也就迎刃而解了。因此，在关注了市场国的“自救方案”与数字巨头的应对措施后，请读者们聚焦数字经济的风暴中心——欧洲。

案例18介绍了欧盟《统一企业所得税税基（CCCTB）提案》，该提案诞生于2001年，历经了多年的发展。在欧盟的不断努力之下，CCCTB已经初具雏形，不仅能够顺应时代发展的潮流，解决数字经济征税问题，还可以提高公司税收制度的透明度，避免很多双重征税的情况。

案例18　欧盟:《统一企业所得税税基（CCCTB）提案》

继2006年发布第一份进度报告之后，欧盟委员会通过了第二份“统一企业所得税税基”（CCCTB）进展情况的信函。委员会在这封信中提请其他欧盟机构注意：CCCTB将使公司能够遵循相同的规则来计算其在欧盟范围内所有活动的税基，从而简化程序，提高效率并降低合规成本。事实上，除了降低跨国公司经营的合规成本以外，CCCTB提案还可以消除许多现有共同体内部的转让定价难题，允许跨境亏损抵消，简化国际重组操作，避免双重征税的情况。更为重要的是，CCCTB提案有助于提高现有27个成员国税收制度的透明度，从而促进欧盟内部公平，尽可能实现公平的税收竞争。

早在2001年，欧盟委员会就提出了CCCTB理念，经过十年的探讨，终于在2011年3月揭开面纱，正式推出CCCTB提案。该提案允许欧盟境内的跨国企业在计算企业所得税时将欧盟视为一个单一的市场，按照统一的税收规则计算应纳税所得额。CCCTB提案顺应了时代发展的要求，当今世界，经济全球化和数字化趋势愈加明显，企业的经营模式和组织架构也日趋复杂，为跨国企业，尤其是数字经济企业规避税收提供了广阔的空间。同时，各国之间的税制差异不仅增加了跨国企业遵守税法的成本，也为企业进行避税筹划创造了空间。

什么是统一企业所得税税基?

统一企业所得税税基是一套单一的规则，在欧盟内运营的公司可以使用这些规则来计算其应纳税所得额。换句话说，一家公司或公司集团在计算其应纳税所得额时，只需要遵守欧盟的规则，而不必遵守它们所在的每个成员国的不同规则。此外，根据该提案，活跃在一个以上欧盟成员国的公司只需为其在欧盟的全部活动提交一份单一的纳税申报单。

CCCTB 在实践中会如何运作?

欧盟委员会使公司或公司集团能够整合在欧盟的所有利润和亏损，从而承认其跨境经营活动。单一合并纳税申报单将用于确定公司的税基，之后，公司所在的所有成员国将有权根据基于三个同等加权因素（资产、劳动力和销售）的特定公式，对该税基的某一部分征税。这一切都将通过该公司主要成员国的税务当局来完成（即通过一站式报税系统）。明确的程序规则规定了公司应如何选择加入中央现金转拨系统、如何提交纳税申报单、如何协调相关表格以及如何协调审计。对每个公司或集团而言，其在欧盟内所有活动的纳税申报将通过其主要成员国的税务机关进行，该成员国将负责协调适当的检查并对申报进行跟踪。

为什么我们需要欧盟的 CCCTB？

通过建立一套计算公司或集团税基的规则，以及建立一个一站式报税系统，企业纳税变得更加方便和简单。目前，公司必须按照 27 个不同纳税规则来计算其应纳税所得额，并且必须向其所在成员国的税务机关申报，导致合规成本高、管理负担大和重新调整手续复杂。集团内部交易目前采用的复杂的转让定价制度对在欧盟境内经营的企业来说成本昂贵且手续烦琐，并可能导致成员国当局之间的争端，造成对公司的双重征税。因此，通过允许在欧盟内部合并利润和亏损，CCCTB 将使企业的跨境活动得到充分考虑，并避免过度征税。

是否存在与选择加入和退出 CCCTB 相关的条件?

公司选择加入就必须持续至少五年遵守该规则（以避免出于税务筹划目的而选择加入或退出），以及满足提案附件列出的各方面标准（如公司目前必须遵守的公司税务规则类型等），这样才有资格加入 CCCTB 系统。

总部设在欧洲的非欧盟公司可以使用 CCCTB 吗?

是的。在一个成员国设有分支机构或子公司的非欧盟公司，只要符合欧盟公司要求的相同资格标准（见上文），就可以因它们的活动与欧盟有关而选择加入 CCCTB 系统。

CCCTB 能为更大的税收竞争做出贡献吗?

在建立一个统一的税基时，中央结算银行将提供更大的透明度，因此应确保在有效税率上进行竞争，而不是在不同税基的潜在隐藏因素上进行竞争，这将带来更开放、更公平的税收竞争。成员国将继续设定本国的公司税率，将由每个成员国决定最适合本国预算需求和税收政策组合的方法。

CCCTB——欧洲企业是支持还是反对？

CCCTB 将是可选的。如果公司不相信会从中受益，它们就不必选择加入。然而，绝大多数企业（80%）支持欧盟委员会，认可 CCCTB 在减少行政负担、降低合规成本和避免转让定价争议方面带来的好处。

CCCTB 最终能否取得成功？

长期以来，CCCTB 提案被认为是欧盟税收一体化进程中最为大胆的企业所得税改革方案，从首次提出到现在，经过了长达十余年的讨论，却始终未能获得欧盟成员国的一致认可。

回顾 2011 年，英国和爱尔兰都是 CCCTB 提案最强烈的反对者。两国认为，CCCTB 会进一步削弱国家主权，降低国内税制的竞争力。此外，荷兰、瑞典等成员国也曾表示反对 CCCTB。

当年，英国正积极筹划“脱欧”，虽有可能在通过立法之前脱离欧盟，但在离开之前，英国仍有参与立法讨论的权利。如果英国继续保留单一市场成员资格，则新方法也会对英国造成影响。所以，英国仍有可能对 CCCTB 构成威胁。

毋庸置疑，爱尔兰是 CCCTB 立法的主要障碍之一。在爱尔兰的公司所得税税率仅为 12.5%，远低于欧盟平均水平，是苹果公司、谷歌等众多数字巨头的避税天堂。

爱尔兰财政部发言人曾表示：“我们会积极参与委员会提出的改革提案，同时，我们会对提案的内容进行批判性分析，确保提案与爱尔兰的长期利益相一致。”

来自爱尔兰南部的欧洲议会议员斯恩·凯利也曾说：“欧盟成员国有必要保留自主确定税率的权利，这一点对于高度依赖境外直接投资的小国来说尤为重要。我们担心欧盟境内税基的统一最终会发展为税率的统一。”

除英国和爱尔兰以外，其他国家也或多或少对提案的部分内容持反对意见。

据报道，欧盟财长们将在近期的欧盟经济财政理事会上对新的 CCCTB 提案做出回应。虽然欧盟委员会对新提案充满信心，但要让全部成员国就所有细节达成共识，并获得各国议会的批准，并非易事。

【参考文献】

[1]Ben Terra, Julie Kajus. Company Taxation/Common Consolidated Corporate Tax Base: the European Commission

Presents a Progress Report on the Preparatory Work Made before Finalising its Proposal due in 2008[EB/OL]. https://research.ibfd.org/#/doc?url=/collections/evdnews/html/evdnews_2007-05-07_006.html.

[2]Ben Terra, Julie Kajus. Questions and Answers on the CCCTB[EB/OL]. https://research.ibfd.org/#/doc?url=/collections/evdnews/html/evdnews_2011-03-21_005.html.

【评述】

长期以来，CCCTB 提案被认为是欧盟税收一体化进程中最为大胆的企业所得税改革方案。实际上，CCCTB 想法诞生之初，并没有考虑到要解决若干年后给世界各国带来严重困扰的数字经济税收问题，但是，CCCTB 提案顺应了时代的发展，在自我完善的过程之中逐步形成了解决数字经济税收问题的思路。然而，成功不可能一蹴而就，即便是由欧盟主导推进的 CCCTB 提案仍然遭遇了强大的阻力。由于 CCCTB 提案覆盖的内容很广，而欧洲各国的税制又大相径庭，所以，毫无疑问地遭遇到了一些欧盟成员国的反对。读者们可以思考：为什么解决数字经济税收问题或者说解决一些国际税收问题总是困难重重？就问题的本质而言，是因为税制改革触碰了既得利益国的利益，造成了各国之间的利益冲突，才难以解决。除此之外，还有一些其他原因，读者们可以先自己思考，找找有哪些原因阻碍了税制改革。

七 | 各方看待 OECD 双支柱方案

为合理应对数字经济带来的税收挑战，OECD 提出了双支柱方案，并就该方案提出了详尽的建议。支柱一方案在考虑各国税收政策的基础上，希望求同存异，在各国之间重新分配征税权以最大可能地降低国际税收的复杂程度；支柱二方案以“全球反税基侵蚀”为核心，旨在确保所有开展国际经营的大型企业至少缴纳最低税额。本书将基于不同视角介绍对 OECD 双支柱方案的看法，希望读者对双支柱方案有更深入、更全面的认识。

案例 19　南方国家：对数字经济及 OECD 双支柱方案的看法

与以往的工业革命一样，不存在公平竞争的环境，预计大部分经济效益和利润将继续流向主导发达市场的美国和主导发展中国家市场的中国这两个数字枢纽型国家。国家政策制定者现在面临一个额外的威胁：国际贸易协定将限制政府监管数字经济的方法。拟议中的电子商务新规则以及对现有服务贸易规则的深入解释可能会加深目前的不平衡，进一步消耗南方国家的税基，阻碍创新的税务战略，并严重削弱政府为其发展需要和社会义务提供资金的能力。

在税收领域，人们普遍认识到，国际企业税收体系已经支离破碎，各国都面临着巨大的困难，并就数字经济的适当税收政策展开激烈的辩论。对于数字企业的运营，旧的自由主义态度已经慢慢让位于如何（重新）引入责任制（例如，在使用数据方面）和（重新）建设国家监管数字企业的能力等问题。这引发了围绕税收规则的竞争，而这场竞争和贸易规则一样，都是在由北方国家（Global North）主导的机构内部进行的。

除了对收入基础产生直接影响之外，这些规则和其他拟议规则还会损害各国建设自己的基础设施和利用数字技术促进发展前景的能力。政府不能要求外国公司使用当地的计算机设施，包括服务器，它们用公共资金建设这些设施是为了加强国家能力，或吸纳当地企业和科技初创公司的投入。技术转让或培训掌握专有知识的当地人，都会因为需要转让专有知识而可能被禁止。对数字经济和数字跨国公司征税的新办法也可能与包括金融服务在内的服务贸易协定中关于不歧视和市场准入的现有规则相冲突。

经济合作与发展组织（OECD）和二十国集团（G20）建立了一个关于税基侵蚀与利润转移（BEPS）的包容性框架，有许多发展中国家参加其中。尽管如此，包容性框架往往以北方国家的观点和专门知识为主导，并以最初在南方国家缺席的情况下制定的基本原则为基础。其他国际机构，特别是联合国贸发会议（UNCTAD）和发展中国家24国集团（Group of 24）则被置于次要地位。因此，发达国家商定的任何规则可能都不是为发展中国家设计的，也不能保证发达国家将共享监控或监管数字经济所需的数据或技术和能力。

北方国家本身也并不团结。美国及其数字公司在税制改革进程使用了复杂的花招——就像它们不得不面对贸易规则时那样——表明它们急欲保护自己的先发优势。经济合作与发展组织和欧盟的国际税务方案与国家的政策不一致。受挫之后，欧洲、印度和非洲的个别国家和地区已自行出击，提出了创新型数字服务税。这些举措仍处于试验阶段，但正在迅速传播，往往因国家而异。

目前正在进行的行动和讨论使发展中国家更有紧迫感。在“电子商务”贸易议程取得任何进展之前，所有国家，特别是南方国家都必须对拟议的规则进行严格监管和财政风险评估。

【参考文献】

[1]Jane Kelsey, John Bush, Manuel Montes, Joy Ndubai. How “Digital Trade” Rules Would Impede Taxation of the Digitalised Economy in the Global South [EB/OL]. https://www.globaltaxjustice.org/en/how-digital-trade-rules-would-impede-taxation-digitalised-economy-global-south. 2020-11-09.

【评述】

现有国际税收制度正在遭受数字经济的强烈冲击，为了解决这个难题，OECD 和 G20 建立了一个关于税基侵蚀与利润转移的包容性框架。尽管该框架有许多发展中国家参与其中，但仍以发达国家的观点为主导，因此发展中国家为合理应对数字经济带来的税收改革挑战，更应深入分析 OECD 双支柱方案，对拟议的规则进行严格监管和财政风险评估。

案例 20　国际公司税改革独立委员会：对双支柱方案的评价及改革建议

国际公司税改革独立委员会（Independent Commission for the Reform of International Corporate Taxation，ICRICT）由民间社会和劳工组织组成的联盟发起并提供支持，旨在通过比任何其他现有论坛更广泛和更具包容性的国际税务规则的讨论，推动国际公司税制改革，从公共利益而不是国家利益的角度考虑改革，并寻求公平、有效和可持续的税收解决办法。

ICRICT 观点如下。国际公司税收制度的全面改革目前已经酝酿七年。改革的努力仍在继续，这主要是由于政府和民间社会的压力，同时人们也意识到，迄今为止的改革成果只是修补了现有的规则。公平而全面的改革应推动形成一个更简单、更容易管理、更有效和更公平的国际公司税收制度。现在采取的任何改革行动都应该是朝着采用基于客观因素的公式化分摊办向单一或统一的公司纳税迈出第一步。经济合作与发展组织目前提议的“超越公平原则”侧重于跨国公司全球利润的分配，但没有明确采纳由国际公司税改革独立委员会、许多发展中国家（以 24 国集团发展中国家为首）和民间组织倡导的单一企业原则。承认应该分摊跨国公司的全球利润，这是一个真正的进步，同时通过规定全球最低税率（在我们看来，最低税率应为 25%）来遏制税收中的恶性竞争。然而，人们真正关心的仍然是目前改革的进展程度，以及它是否会由于跨国公司和部分政府的压力以及政治妥协而弱化。

我们应尤其关注将“常规”及“剩余”利润分开而只让后者按公式分配的建议，以及只以销售来确定应纳税利润分配的建议。基于以下三个理由，我们反对将“剩余”利润与“常规”利润分开。一是在概念上不可能区分跨国公司的“剩余”利润或“常规”利润，因为利润本质上是公司全球活动的结果。就经验而言，也很难有意义地对它们加以区分，经济合作与发展组织和国际货币基金组织提出的截然不同的定义就证明了这一点。二是在一个设计良好的公司税收制度中，资本成本是完全可以计算出来的（往往要扣除超过经济上合理的折旧和利息），因此，只对超额的“纯”利润（即经济租金）征税，才不会妨碍企业投资和可持续增长。三是现有的转让定价规则不适合确定“常规”利润，大量相关的税务纠纷已说明了这一点。

全球改革需要所有国家能跳出眼前自身利益的着眼点进行有效的合作。不幸的是，各国政府的谈判立场有时主要着眼于新提议可能产生的税收影响，以及对本国跨国公司的保护或税收优惠。虽然 OECD 包容性体制框架已变得更具包容性，但作为最适合继续领导这项工作的机构，经济合作与发展组织的信誉仍受到质疑。除了建立包容性框架外，仍有大量工作需要完成，以确保发展中国家的有效参与性和代表性。我们对正在进行的谈判结果非常感兴趣，但作为一个委员会，我们并不认为2020年的谈判结果是一个终点，而是朝着建立真正公平的国际公司税收架构迈出的第一步，这将需要推动更多程序的多边讨论，也应让联合国参与其中，因为它是所有国家都有代表的唯一论坛。

跨国公司通过集中管理的业务模式运营，其高全球利润率很大程度上是其跨辖区活动整合的结果。世界贸易大多发生在跨国企业内部，因此，不可能确定公平价格来衡量作为跨国企业一部分的关联公司之间的交易。这种虚构的价格是当前转让定价体系的核心，正如我们注意到的那样，业界将根据目前正在考虑的一些主要提案继续改进。实际上，目前的国际税收制度给了跨国公司太多的自由裁量权，使它们没有将利润分配给适当的税收管辖区，从而使它们的纳税额降到最低——这是国内公司特别是中小企业没有的机会，因此，国内中小企业在本国管辖区支付的有效公司税率更高。

作为一个委员会，自2015年以来，我们一直呼吁采取一种新的方法，以“摒弃公司的子公司和分支机构是根据税法有权作为单独处理的单独实体这一说法，而承认跨国公司是作为跨越国际边界开展业务活动的单一公司”，从而提出了“一种作为单一和统一公司的跨国公司适用的税收制度，用基于销售和就业等客观因素的公式来分摊的办法”。据此为不同的经济部门（如制造业、服务业、采掘业）制定不同的分配公式（即影响因素和权重），以确认不同因素（如销售、雇员、资本、自然资源）在跨国企业创造全球利润时的相互作用，但对这些因素的区分应保持在最低限度，以减少避税的复杂性和可能性。

我们深信，多因素公式分配制度，再加上全球最低公司税率，是最佳的前进方向。我们认识到采取过渡措施的必要性，目前的任何改革都应朝着这个方向前进。

【参考文献】

[1]ICRICT. International Corporate Tax Reform: towards a Fair and Comprehensive Solution[EB/OL]. https://www.icrict.com/international-corporate-taxation-reform. 2020-11-09.

【评述】

国际公司税改革独立委员会认为 OECD 提出分摊跨国公司的全球利润及规定全球最低税率是一个具有进步性的规则，但 OECD 双支柱方案并不是最终的结果，只是朝着建立一个真正公平的国际税务架构迈出的第一步。本案例直接说明了今后国际税收的改革方向，即各个国家应该在置身于本国利益之外积极参与，不断推动改革朝着多因素公式分配制度及全球最低公司税率这个方向前进。

案例 21　美国税收基金会：对支柱一方案的意见及评价

2019 年 11 月 8 日，美国税收基金会（Tax Foundation）向经济合作与发展组织正式提交对支柱一方案公众咨询的反馈意见。反馈意见认为支柱一方案代表着一个重大转变，即大型、高利润企业将负有计算其经营和销售所在国纳税额的义务。对包容性框架可能产生的政策结果的担心，以及经济合作与发展组织成员国和许多其他国家采取的单边措施，使得当前税收环境极具不确定性。如果包容性框架无法商定一个基于原则的办法，即将双重征税的风险降至最低，创造稳定的国际体系，那无疑会对全球商业环境和商业投资造成损害。此外，如果达成了协议，全球税收稳定依然存在风险，而相互矛盾的单边措施也仍在起作用。包容性框架应从这一现实出发，找到一个既能最大限度地减轻跨国企业负担，又能最大限度地减少对跨界投资和全球经济影响的解决办法。

OECD 秘书处的提案是一个具有执行挑战性的计划，即将征税权重新分配给市场管辖区。该提案并未制定一个清晰的原则。如果在市场管辖区的应纳税存在和支付的税款是基于这些市场的价值，则提案应说明如何始终如一地适用该原则。相反，该提案根据公司规模、利润率、市场销售额、市场用户以及营销和分销活动将征税权赋予市场。每一个特质都可能有不同的理由，而包容性框架应就这些理由所依据的原则达成一致。如果包容性框架不能就改变税收规则和向市场分配新的征税权的明确原则达成一致，各国就可能以最符合本国对跨国公司收入征税原则的方式适用任何协定的框架。这将导致更大而不是更小的税收不确定性。

该提案提及多个概念，可用于计算一家企业是否、在哪里以及在多大程度上需要纳税，以及如何将新的结果与旧的结果进行协调。这些概念包括：面向消费者的业务；视同非常规利润；持续而大量的参与；常规营销和分销活动。每一个概念都将为协调提案和创造税收稳定性带来挑战。如果没有明确的协商好的定义和标准，企业和国家对新制度的反应可能是通过贸易和投资扭曲对经济产生影响，并导致双重征税。

包容性框架不仅应仔细考虑其对可能在范围内的现有业务的影响，还应仔细考虑对当下不在范围内的未来业务的激励。范围之外公司的合规成本可能面临巨大的不确定性，而当这些公司通过营销和分销职能实现增长和进行重组时，它们最终必须遵守新规则。秘书处提案中的每个范围界定方法都可能带来不确定性，增加了业务增长的风险和成本。

秘书处的提案也是高度数字公司面临的另一个监管

负担。复杂的法规和相关的高合规成本可能形成进入壁垒，导致较小的公司在成长过程中处于竞争劣势。作为独立实体，较小的数字公司可能会成为吸引力较小的投资目标，同时，它们可能会成为收购目标。政策制定者应关注《通用数据保护条例》（General Data Protection Regulation，GDPR）对新技术公司投资影响的早期证据。

秘书处提案暗示了各种各样的细节，以及为不同行业或活动制定标准方案的方法。排除适用和定制适用都应该直接遵循双方都认可的征税原则。这一项原则可以说明为什么不应使用新办法对某一特定部门征税，也有助于减少今后新办法的扩大。为达成政治协议而采取的标准化做法在今后任何时候都可能被扩大适用，除非受到商定原则的限制。该提案还提到，独立交易原则（Arm Length Principle，ALP）将在很大程度上得到保留。如果包容性框架认为独立交易原则在绝大多数情况下仍然有效，那么这一点应该明确。否则，该提案可能会给纳税人带来不确定性，因为秘书处提出的偏离独立交易原则的理由（简化和化解目前的紧张局势）也可能被用来证明今后偏离独立交易原则的合理性。

结论如下。当前国际税务规则的复杂性造成了商业活动和利润地点的各种扭曲。一种具备新的复杂程度或者没有商定的原则导致更多扭曲的做法，都可能导致过去的许多同样问题。秘书处提出的办法将是对现行规则的重大改变，并可能导致更大的复杂性和不确定性。包容性框架应充分预估国家和企业对新办法会做出的反应。至关重要的是，包容性框架还应就解决当前单边措施争端的方式达成协议，把有关数字服务税和相关措施的争议留给另一个论坛，在另一个时间讨论，也是一个好办法。包容性框架还必须完成影响评估，不能在经济真空中做出政策决定。秘书处的提案有可能影响企业和政府的各种决定，决策者必须对各种结果进行评估，才能做出明智的决定。基于明确的经济分析，应将在合理的原则之下统筹该提案，确保包容性框架尽量减少秘书处的提案可能带来的行政和经济负担。

【参考文献】

[1]Daniel Bunn. Response to OECD Public Consultation Document: Secretariat Proposal for a "Unified Approach" under Pillar One[EB/OL]. https://taxfoundation.org/response-to-oecd-public-consultation-document-secretariat-proposal-for-a-unified-approach-under-pillar-one/. 2020-11-09.

【评述】

案例 21 指出美国税收基金会认为支柱一方案意味着

一种重大转变，具有较大风险。包容性框架应该综合考虑各个国家对该方案的应对措施，就改变税收规则和向市场分配新的征税权的明确原则达成一致。

案例 22　美国税收基金会：对支柱二方案的意见和建议

2019 年 12 月，美国税收基金会（Tax Foundation）对经济合作与发展组织（OECD）公共咨询文件全球反税基侵蚀提案（GloBE，即支柱二方案）给出正式反馈意见。反馈意见认为美国国际税收规则的重大改革以及欧洲和世界其他地区最近通过的反避税条款以各种方式重塑了国际税收政策。在美国、欧洲和其他地方最近税收变化的影响显现出来之前，OECD 包容性框架政策制定者应该谨慎对待新的国际标准。

税基侵蚀与利润转移（BEPS）给全球带来严重问题，值得考虑的是，最近的政策变化是否充分解决了这个问题。2016 年，经济学家埃内斯托·克里维利（Ernesto Crivelli）、吕德·穆伊吉（Ruud de Mooij）和迈克尔·基恩（Michael Keen）发现，利润转移估计导致非 OECD 国家收入损失达到 GDP 的 1.3%，OECD 国家收入损失达到 GDP 的 1%。包容性框架应在推行一套新的反 BEPS 提案之前，评估其中有多少问题已经由 BEPS 相关研究解决。

秘书处关于支柱二的建议涉及所得纳入规则（Income-inclusion Rule）和征税不足付款规则（Under-taxed Payments Rule），对应四个要点。（1）所得纳入规则的税基应该对商业投资决策保持中立，最低税基加上最低税率可能是最合适的。（2）所得纳入规则可能会产生像受控外国公司（CFC）的规则那样的影响，如收紧最低利率门槛，提高资本成本，并改变实际的商业投资模式。（3）政策制定者选择的利润混合程度可能影响最低税收对商业决策的作用。（4）征税不足付款规则如果没有明确限于所得纳入规则不适用的情况内，以及考虑付款受益人的有效税率时，就可能导致双重征税。

全球最低税就像任何其他税一样，需要有明确的税基和税率。许多国家有各种政策，使得企业承担低有效税率或零有效税率。这可能是因为该国有一项通过税法补贴某些商业活动的政策，或者是因为该国有一个设计良好的税基。

一方面无论是通过“专利盒”（Patent Boxes）和各种税收抵免和最大扣除，法国等一些国家的国内政策可能导致一些企业的有效税率非常低。在拥有类似优惠政策的国家，某些企业可以看到非常低的有效税率。在某些情况下，这些政策甚至可以采取全额减税的形式。

另一方面，爱沙尼亚、拉脱维亚和格鲁吉亚的现金流量税（Cash Flow Taxes）对商业投资是中性的，对再投资商业利润的边际税率为零。由于他们的现金流系统是高效的，这些国家允许无限亏损结转、亏损扣减和商业投资扣减。虽然其他国家没有现金流量税，但损失和投资扣减是世界各地许多企业所得税制度的特色。由于这些共同的政策，大量投资或亏损的企业在某些年份可以看到非常低的有效税率。所得纳入规则应区分优惠政策和中性政策产生的有效税率结果的不同。包容性框架应考虑的一种方法是将最低税应用于最低税基，在全球层面上反映允许无限亏损结转、亏损扣减和商业投资扣减的现金流量税税基。

所得纳入规则的设计借鉴了美国关于"全球无形低纳税所得"（Global Intangible Low Tax Income, GILTI）的国际规则。GILTI 旨在对美国公司的海外收入实行最低税率。然而，由于 GILTI 是在美国现有国际税收规则的基础上进行分类的，它带来了各种政策挑战，其中一个是哪些高税收的外国收入应该被排除在该政策之外。这不仅关系到美国的政策争议，也关系到包容性框架正在考虑的设计：决策者选择的利润混合程显示了最低税会如何影响企业的决策。具体而言，混合程度越细微，相关的合规成本和对扩大海外业务决策的影响就越高。

结论：GloBE 背后的设计问题对商业决策和国家自身政策有着严重的影响。所得纳入规则的税基与税率的确定同样重要，税基和税率都可能影响商业决策。此外，政策制定者需要确定混合选择符合政策的总体目标。所有这些选择都会对在不同国家投资的合规成本和业务决策产生影响。反过来，这将影响经济结果和受影响公司的盈利能力。政策制定者应该努力找到符合其政策目标的解决方案，同时最大限度地减少负面影响。包容性框架应认识到，企业的高税收负担（以及高合规成本）可能会在整个国际经济中造成各种经济波动。

【参考文献】

[1]Daniel Bunn, Elke Asen.Tax Foundation Response to OECD Public Consultation Document: Global Anti-base Erosion Proposal (“GloBE”) (Pillar Two)[EB/OL]. https://taxfoundation.org/response-global-anti-base-erosion-pillar-two-proposal/. 2020-11-09.

【评述】

本案例指出，美国税收基金会认为全球最低税需要有一个明确的税基和税率，但目前大多数国家有各种政策，导致企业支付低有效税率或零有效税率。故 OECD 包容性框架应综合考虑不同国家税收政策的影响，谨慎对待新的国际标准，以期最大限度地减少经济波动。

通过本章的所有案例，我们可以了解南方国家、国际公司税改革独立委员会、美国税收基金会对双支柱方案的不同看法，双支柱方案作为数字时代应对复杂国际税收提出的新方案，具有较大的可行性，但仍应综合考虑不同因素，谨慎待之，通过充分分析各种经济政策，为该提案制定合理的原则。

八 数字经济时代税制改革的建议

数字经济的快速发展使无形资产可以创造巨大的经济价值，与此同时，通过将无形资产转移到低税收国家，也使避税变得轻而易举，从而对国际税收体系造成了巨大的冲击。为了解决数字经济时代的国际税收问题，不同学者提出了不同的建议。本书分析了几种不同建议，以期读者对数字经济时代的税制改革方向有所了解。

案例 23　全球经济利润征税：基于收入的剩余利润分配法

自 2013 年起，当对跨国公司避税的担忧成为头条新闻时，英国牛津大学商业税务中心（Oxford University Centre for Business Taxation）主任迈克尔·德沃罗（Michael P. Devereux）决定从世界各地招聘最优秀的法律学者和经济学家，组成一个团队来研究国际环境下企业利润的征税方式。第一批成员于 2013 年 12 月首次会面，包括经济学家艾伦·奥尔巴赫（Alan Auerbach）和迈克尔·基恩（Michael Keen）等，以及律师迈克尔·格拉茨（Michael Graetz）、保罗·奥斯特豪斯（Paul Oosterhuis）、沃尔夫冈·舍恩（Wolfgang Schön）和约翰·贝拉（John Vella）。很难想象还有比这更杰出的团队。这里简要介绍一下小组成员。

迈克尔·德沃罗是牛津大学商业税务中心主任、牛津大学赛义德商学院（Saïd Business School, University of Oxford）商业税务教授兼学院副院长和牛津奥里尔学院（Oriel College, University of Oxford）教授级研究员。2012 年至 2015 年担任国际公共财政研究所（International Institute of Public Finance）所长，现在是名誉所长。

艾伦·奥尔巴赫是罗伯特·伯奇（Robert D. Burch）

经济学和法学教授、罗伯特·伯奇税收政策和公共财政中心主任、加州大学伯克利分校（University of California, Berkeley）经济系前主任。

迈克尔·基恩是国际货币基金组织财政事务部副主任，他曾担任该部税收政策和税收协调司（Tax Policy and Tax Coordination Divisions）司长。在加入该组织之前，他曾是英国埃塞克斯大学（University of Essex）经济学教授和日本京都大学（Kyoto University）客座教授。

保罗·奥斯特豪斯是Skadden、Arps、Slate、Meagher & Flom等公司华盛顿办事处的法律顾问，曾担任高级国际税务合伙人。在国际收购及处置交易、融资安排以及为美国及海外跨国公司进行税务规划方面拥有丰富经验。

沃尔夫冈·舍恩是慕尼黑马克斯·普朗克税法和公共财政研究所（Max Planck Institute for Tax Law and Public Finance）常务董事，德国慕尼黑大学（Munich University）名誉教授。他曾担任欧洲税法教授协会董事会主席（2015~2018年）、德国税法协会科学委员会主席、国际财税协会（International Fiscal Association, IFA）常设科学委员会副主席（2008~2014年）和荷兰国际财税文献局（International Bureau of Fiscal Documentation，IBFD）董事会成员（自2003年起）。

约翰·贝拉是英国牛津大学（University of Oxford）法

学教授、牛津大学商业税务中心助理主任、牛津哈里斯曼彻斯特学院（Harris Manchester College，Oxford）研究员。

迈克尔·格拉茨是威尔伯·弗里德曼（Wilbur H. Friedman）的税法教授、美国哥伦比亚大学法学院（Columbia Law School）的哥伦比亚校友税法教授、美国耶鲁大学法学院（Yale Law School）名誉法学教授和专业讲师。他对团队的研究工作和讨论思路做出了巨大贡献。

该小组召开了一系列会议，到 2017 年形成了相对成熟一致的想法。迈克尔·德沃罗认为该小组是一个精彩而具建设性的讨论论坛；小组成员的看法开始时并没有完全一致，而且坦率地说，结束时也没有完全一致。小组对自 2013 年 12 月以来为自己设定的任务总结如下。

《BEPS 行动计划》旨在对基于公平定价和双重税收协定网络的国际税收制度进行逐步的而非革命性的改革。但目前还不清楚，这样的做法是否会产生一个适合 21 世纪的国际税收体系。令人怀疑的不仅是 BEPS 的实际运作，而且——更深刻地说——是其概念基础。如果没有坚实的概念基础，改革将是零散和随心所欲的，不清楚改革将发展到什么阶段。

小组分析了现有经合组织框架的概念基础，包括征税权的基本分配、利息和特许权使用费的处理以及确定转让价格所用的方法；评价了现有框架内的潜在改革，特别是是否能够根据明确的概念基础证明这些改革是合理的，而不是作为临时措施；考虑更激进的征税权分配方法，包括基于居住地、目的地和公式分配的方法。这将不仅涉及对新型税收的概念基础的分析，而且涉及对新型方法在实践中的实施程度以及是否有可行的过渡途径的分析，并提出了中期改革建议。

小组最终成果形成《全球经济利润征税》（*Taxing Profit in a Global Economy*）一书，并于2021年出版，这本书代表了小组关于国际商业利润税改革的两种建议，其基础均是将企业利润征税权分配给企业销售产品和服务地的国家。第一项建议是“基于收入的剩余利润分配法”（Residual Profit Allocation by Income, RPAI）。

基于收入的剩余利润分配法是剩余利润分配（Residual Profit Allocation, RPA）的一种，该制度将各国出于税收目的的国际商业利润分为两部分。在任何剩余利润分配计划中，第一步，对跨国企业内的所有业务职能和活动——研发制造、行政、销售和营销等——分配一项“常规利润”（Routine Profit），并在履行这些职能和活动的国家征税。第二步，“剩余利润”（Residual Profit），即跨国公司的总利润减去所有国家的常规利润的总和，将按照某种机械的规则（Mechanical Rule）在各国之间进行分配。

在剩余利润分配法中，第一步计算常规利润的方式和第二步的地点选择与分摊规则，都存在很大的差异。首先，2009年，阿维-约纳（Avi-Yonah）等在《为税收目的分配业务利润：用公式法分配利润的建议》（Allocating Business Profits for Tax Purposes：a Proposal to Adopt a Formulary Profit Split）中提出一个重要方法，即通过对成本进行固定加价来计算常规利润，然后通过销售将剩余利润完全分配给市场或目的地国家。本文提出的RPAI使用现有的转让定价技术计算常规利润，其亦会将剩余利润分配至目的地国家，但它不是使用销售作为分配因素，而是使用“剩余总收入”（Residual Gross Income, RGI）作为分配因素，可以将其解释为与第三方的销售减去与该销售相关的成本。

RPAI将常规利润的征税权分配给了跨国公司开展业务和活动的国家，将剩余利润的征税权分配给跨国公司向独立第三方客户销售产品的市场国家。其主要目的是打击利润转移和减少经济扭曲，从而也减少各国在现有制度下所经历的竞争压力。这主要建立在客户相对固定的基础上。当然，如果客户是个人，他们不太可能为了减少对供应商的税收而移民。在客户是企业的情况下，企业可能为了减少对供应商的税收而转移注册地，并且作为税收规划方案的一部分。因此，可能需要查看规则来确定企业的独立分销商是否位于低税区。由于客户在市场国的不可移动性，加上与第三方交易的相对透明性，应该很难将剩余利润转移到其他税收管辖区。转移常规利润的动机也相应低于转移总利润的动机。将税收建立在目的地国的剩余利润基础上，也大大降低了跨国公司将其实际活动定位于低税区的动机，从而减少了经济扭曲。

与现有系统相比，实施中的系统的显著差异在于远程销售的处理。目前，如果甲国的跨国居民直接向乙国的客户销售，而在乙国没有任何实际存在，那么其利润将在甲国征税。相比之下，根据 RPAI，常规利润将在甲国征税，剩余利润将在乙国征税。根据 RPAI，市场国的征税不取决于该国的实际存在。

RPAI 的指导原则是第三方客户相对固定，但该建议受到现实考虑的影响。RPAI 正在朝着目的地征税的方向发展，但没有把征税权完全分配给目的地国。它希望合理地接近现有系统，尽可能少地脱离现有系统，以尽量减少过渡费用。尽管如此，RPAI 应该利用由客户相对稳定带来的实质性好处，通过部分地、连贯地向目的地转移税基，为未来税收制度目标的实现提供重要前提。

【参考文献】

[1] Michael P. Devereux, Alan J. Auerbach, Michael Keen, Paul Oosterhuis, Wolfgang Schön, John Vella. *Taxing Profit in a*

Global Economy[M]. https: //oxfordtax.sbs.ox.ac.uk/taxing-profit-global-economy. 2021-02-05.

【评述】

案例 23 介绍了由英国牛津大学商业税务中心的主任迈克尔·德沃罗组织团队提出的基于收入的剩余利润分配法，该方法主张将各国出于税收目的的国际商业利润分为两部分，即“常规利润”和“剩余利润”，并主张将常规利润的征税权分配给跨国公司开展业务和活动的国家，将剩余利润的征税权分配给市场国家，从而达到打击转移利润的目的。基于收入的剩余利润分配法对国际税收规则进行了创新，对增强税收的确定性有所裨益，对未来全球利润的税收归属和分配提供了前进的方向。

案例 24　全球经济利润征税：目的地现金流量税

英国牛津大学商业税务中心主任迈克尔·德沃罗团队的《全球经济利润征税》一书，提出了关于国际商业利润税改革的两种建议。第二项建议是设置目的地现金流量税（Destination-based Cash Flow Taxation, DBCFT）。2020 年 11 月 28 日，在由中央财经大学财政税务学院主办的“全球化、数字化与国际税收改革”国际研讨会上，牛津大学约翰·贝拉（John Vella）教授对目的地现金流量税进行了详细介绍。

《全球经济利润征税》认为:“好税”的性质应该符合五项标准，即经济高效、公平、不易避税、易于管理、激励相容。这些标准是众所周知的，并在很大程度上被人们所接受。其中，激励相容至关重要。如果某个国家没有动机破坏国际共识，如通过降低所得税率而使其他国家付出代价，那么税收就是激励相容的。同时，各国政府的行动很可能首先是为了本国的利益。因此，任何改革的一个核心问题必须是各国政府推进改革的动机。

《全球经济利润征税》认为：任何符合以上五个标准的税收都是好税。而对企业利润征税分为在企业所有人的居住地征税、在母公司所在地或营业总部征税、在来源国征税、在市场国或目的地国征税四个选项，根据“好税”

的标准系统地评估每个选项，最终提出目的地现金流量税这个方案。

目的地现金流量税基于目的地征税，给予目的地国唯一的征税权，将企业利润的征税权转移到客户所在国——“市场国”或“目的地”国家。从某种意义上说，目的地现金流量税将不对称地对流入和流出征税——因为销售收入在销售地（目的地国或市场国）纳税，而包括劳动力在内的支出在产生时（来源国）享受减税，即进口收入则征税，出口收入不计入应税收入。其“边界调整”基本上与增值税相同。将征税权建立在销售所在国的作用显而易见。当客户为自用的采购额所产生的开支未构成其开支的重大部分时，这种购买活动尤其不能迁移消费地。倘若客户业务的税项开支仅由其销售地点确定，则其实际职能及活动的地点将无关紧要。此外，利润转移的机会，如果不是完全消除，也将大大减少。反过来，这将减少复杂立法的需要。最后，各国将没有动力降低税率，因为这将无法吸引真正的经济活动或利润，从而消除税收竞争。

目的地现金流量税对企业的现金流量征税。顾名思义，现金流量税适用于企业产生的净收益。收入于收到款项时计入税基，开支于付款时确认支出。任何特定时期的税基都是前者减去后者。与大多数现有的业务利润税相比，将收入和支出计入基数在时间上的最大差异在于，在现金流量税下，甚至是一般情况下随时间折旧的资产也立即支出（即在购买时全额扣除）。因此，不需要复杂的折旧规则，也不需要区分不同类型的资产。现金流量税的思想可以追溯到布朗（Brown，1948），并一直是一个广受关注的主题，卡尔多（Kaldor，1955）、安德鲁斯（Andrews，1974）、美国财政部（US Treasury，1977）、米德委员会（Meade Committee，1978）、格拉茨（1979）等对此均有过讨论。包括因投资和货物贸易而产生的即时支出在内的现金流量税要素，已在美国等多个国家引入，并在英国以有限的形式引入。

《全球经济利润征税》认为：目的地现金流量税将彻底改革对企业利润的征税方式，这一转变好处很多。它将消除现有体制下存在的大多数形式的经济低效，例如，投资的规模和地点以及融资形式的选择，都不受目的地现金流量税的影响。这一制度与激励相容，政府之间为减少利润税而进行竞争的压力得以消除。现有制度下的主要避税途径也被放弃，可以大大简化现有规则。因此，它比现有的制度更公平。

与 RPAI 不同的是，目的地现金流量税将给予目的地国唯一的征税权，这将对一些国家的收入产生根本性的影响。目的地现金流量税方法最主要的问题是，从现有系统过渡到这种全新系统可能会有较高的成本，除非长期利益明显超过任何短期成本，否则政府不太可能被说服实施这种变革。因此，推进目的地现金流量税，还必须弄清作为改革的一部分可能面临的成本问题和困难。

【参考文献】

[1] Michael P. Devereux, Alan J. Auerbach, Michael Keen, Paul Oosterhuis, Wolfgang Schön, John Vella. Taxing Profit in a Global Economy[M]. https://oxfordtax.sbs.ox.ac.uk/taxing-profit-global-economy. 2021-02-05.

[2]“全球化、数字化与国际税收改革”国际研讨会在我校顺利举办 [EB/OL]. http://spft.cufe.edu.cn/info/1022/4155.htm. 2021-02-05.

【评述】

案例 24 介绍了目的地现金流量税，它适用于企业产生的净收益并给予目的地国唯一的征税权。目的地现金流量税能提高税收，而且高效、公平，益处很多，但向其过渡需要较大的成本。因此想要推进目的地现金流量税，要综合考虑各种因素及可能会出现的困难。

案例 25　美国：推进基于销售的剩余利润公式分配法

美国密歇根大学法学院（University of Michigan Law School）的鲁文·阿维 - 约纳（Reuven S.Avi-Yonah）教授主要从全球经济时代转让定价难以实现、美国税收损失严重角度出发，倡导基于销售的剩余利润公式分配法，并建议美国率先实行。2009 年，鲁文·阿维 - 约纳等发表《为税收目的分配业务利润：用公式法分割利润的建议》（Allocating Business Profits for Tax Purposes：a Proposal to Adopt a Formulary Profit Split）（以下简称《公式法利润分割建议》）。随后，2013 年，鲁文·阿维 - 约纳等发表论文《分割不可分割部分：剩余利润分配走向公式分配法》（Splitting the Unsplittable：toward a Formulary Approach to Allocating Residuals under Profit Split）。回过头来看，《公式法利润分割建议》与 2019 年 OECD 推出的支柱一方案基本相同。

《公式法利润分割建议》认为：目前，美国对跨国公司的收入征税制度存在多个缺陷，这一制度激励从低税国家赚取收入，奖励积极的税务规划，而且与任何通用的效率指标都不兼容。众所周知，美国的税收制度很复杂，观察家们几乎一致地哀叹遵守它负担过于沉重，连续执行也不切实际。此外，尽管企业税率比其他经合组织国家高出一个标准差，但美国企业税制带来的财政收入相对较少，部分原因是收入转移到了美国之外。

《公式法利润分割建议》建议按公式化分摊制度（System of Formulary Apportionment）对跨国公司的收入征税。在这一制度下，美国对跨国公司征税的税基将根据其全球收入的一小部分计算。这个分割份额是（i）它们在美国的支出的固定回报和（ii）它们在美国的全球销售份额的那部分数额。该制度与美国转让定价法和 OECD 准则下的剩余利润分割方法类似，也与当前美国在各州之间分配国民收入的方法类似。国家制度的产生是因为人们普遍认为，当各州在经济上高度一体化时，将每个州理应赚取收入的经济活动分开核算是不切实际的。同样的，在日益全球化的世界经济中，很难将利润分配给个别国家，而这样做只是增加了避税的机会。

《公式法利润分割建议》拟采用的办法是把跨国公司每一项商业“活动”的收入分配给开展该活动的国家。“活动”被定义为“与两个或两个以上关联方参与的特定行业或业务经营相关的一组职能”，确定所执行职能的最高汇总级别，以便可靠地识别各关联方对商业活动的贡献。一项活动被视为一个纳税人，其收入的计算方法是根据全球会计制度，从全球收入中减去全球范围内的支出，而不考虑相关主体的法律身份。所得净收入根据包含各种影响因素的公式在各纳税管辖区之间进行分配，各纳税管辖区随后按公式对分配到的收入按自己的税率计算征收相应的税额。

拟采用的制度将（i）首先向每个国家分配跨国公司在该国发生的可扣税开支的预测市场回报（这一收入在目前的税务实践中根据剩余利润分割方法通常被称为“常规”收入），然后（ii）将任何额外收入（在当前的转让定价实践中通常被称为“剩余”收入，被视为跨国公司的无形财产）根据公司在每个国家的相对销售额进行分配。

所使用的特定公式以及根据销售额分配的“剩余”将大大改进美国各州通常使用的公式。根据美国各州的经验，收入是使用各种公式分配给州管辖区的。从历史上看，美国许多州都采用所谓的“马萨诸塞州公式”（Massachusetts Formula），即对财产、工资和销售采用同等的权重。例如，在等权重公式分配系统下，美国政府的纳税义务是美国税率乘以归属于美国的全球利润部分，这个比例取决于在美国发生的全球经济活动的数量（平均销售额、资产和工资份额）。

《公式法利润分割建议》提出了一个更简单的分配剩余利润的公式，它只考虑每个地点的销售份额，以客户所在地（而非生产地）为目的地产生的销售额为基础来计算。基于目的地的销售公式的关键优势如下。一是销售对不同市场的税收差异要远低于对工厂和就业的投资，因为客户本身的流动性远低于公司资产或就业。即使在一个高税收的国家，公司也有动机尽可能多地销售。二是如果一些国家采用基于销售的公式来分配剩余利润，其他国家也将有动力采用基于销售的公式，以避免工资或资产转移到原本不属于公式一部分的国家。美国各州的经验强化了这一提议的价值。近年来，美国许多州开始采用按双倍权重计算销售的方法。各州鼓励转向以销售为基础的公式是有据可查的。三是基于销售的计算公式可能有利于分摊制度在国家之间的协调。由于人们普遍认为，对进口商品征税和免除出口商品的关税可以提高国家竞争力并减少贸易赤字，如果美国这样的贸易大国采用主要取决于销售的分摊办法，其他国家很可能也会认为效仿这种做法符合它们的利益。

《公式法利润分割建议》建议美国对企业所得税采用基于公式的利润分成制度，这是对日益全球化的现实的回应。跨国公司有国际一体化业务，它们根据不同国家的税收政策采取不同的应对措施。一个独立的会计系统会人为地产生按地点分配收入和支出的需求，从而为避税创造了充足的机会。拟议的系统将大大降低在各地寻找收入和支出来源的复杂性，并消除使用法律和会计技术将收入转移到税率更低的地点的动机。此外，由于利用法律和会计技术可以将就业和工厂转移到海外，这是这些技术的“实质”，消除使用这些技术的机会，将减少以逃避税收为动机的美国境外就业和投资转移。这不仅有助于保护美国的税基，减少现行税制的扭曲，而且可以降低该系统的复杂性和行政负担。拟议的制度将更好地适应一体化的世界经济，更符合高效、公平和简单的税收政策目标。

《公式法利润分割建议》认识到，尽管存在各种因素可能导致各国需要单方面与“先行者”进行协商来实施公式法分配制度，但理想的情况是，各国采用公式法分配可以实现国际合作并达成共识。尽管我们认为，这些问题不能成为美国法律规定的推迟实施拟议方法的理由，而且遵循美国的做法符合大多数国家自身的利益，但美国应当尽可能寻求高水平的国际协调。然而，美国不应该把达成国际共识作为实行公式法分配的条件，因为这种共识永远不会出现，特别是对从现行制度中获利的低税国家而言——等待这种共识的达成意味着永远无法实现有意义的改革。

【参考文献】

[1]Avi-Yonah, Reuven S. Allocating Business Profits for Tax Purposes: a Proposal to Adopt a Formulary Profit Split. K.A.Clausing and M.C. Durst, co-authors. Fla. Tax Rev. 9, no. 5(2009): 497-553.

案例 26　美国：推进基于销售的全球利润公式分配法

美国密歇根大学法学院（University of Michigan Law School）鲁文·阿维-约纳（Reuven S.Avi-Yonah）教授等 2007 年发表《全球经济中的公司税改革：采用公式分摊法的建议》（Reforming Corporate Taxation in a Global Economy：A Proposal to Adopt Formulary Apportionment），2019 年发表研究论文《迈向 21 世纪的国际税收制度》（Toward a 21st-Century International Tax Regime），表明其从 2009 年的基于销售的剩余利润公式分配法最终转向了基于销售的全球利润公式分配法。

《迈向 21 世纪的国际税收制度》认为，当前的国际税收制度已有近一个世纪的历史，并且正在显示出它的时代局限性。近几十年来，越来越多的证据表明，该制度的一些关键组成部分，如独立交易原则或常设机构门槛不适合 21 世纪的经济。

经济合作与发展组织（OECD）就数字化背景下的利润分配主要提出了三种可选方案。第一方案是最狭隘的选择——《用户参与提案》，它只适用于 Facebook、谷歌和亚马逊等公司，允许市场管辖区对用户参与产生的利润征税。第二方案是《营销型无形资产提案》，该提案将传统的按公平原则分配利润的方法产生的剩余部分分配给市场管辖区。它适用于所有公司。这两项提案虽然彻底抛弃了传统的常设机构概念，但仍然建立在公平标准的基础上，因为它们仅在使用公平标准分配常规利润后，才将剩余利润分配给市场（或用户）管辖区。这两个方案都取消了实体存在的要求，但采取了不同的方法来确定有多少利润应该在来源（或市场）管辖区缴税。

《迈向 21 世纪的国际税收制度》认为，第一方案被批判在认知方面含糊不清，难以实施。第二方案无助于解决转让定价的混乱局面，因为无法将营销型无形资产与其他无形资产区分开来，而且任何这样做的尝试都有双重征税的风险。因此，经合组织的方案不可能形成一个适合 21 世纪的稳定的国际税收制度。

《迈向 21 世纪的国际税收制度》认为，与基于收入的剩余利润分配法（Residual Profit Allocation by Income，RPAI）、目的地现金流量税两种方式相比，基于销售的全球利润公式分配法更具适应性，确定性更高，应该是适合 21 世纪条件的稳定的国际税收制度。

基于收入的剩余利润公式分配法（RPAI）是英国牛津大学迈克尔·德沃罗（Michael P. Devereux）团队的主张。它有一个明显的缺点，即它保留了用公平标准来对常规利润征税，虽然这样做更容易被从业者接受，但仍存在一些缺陷。它通过保持公平标准和依靠对可比较数据的分析来计算常规利润，从而将常规利润与非常规利润区分开来，导致了极大的复杂性和很高的行政成本。

RPAI 改革显然是一个混合体。它利用了公平标准和标准化方法的某些方面。这是制度之间的妥协，也是关于哪些管辖区从税收中获得收入的妥协：来源国对常规利润征税，目的地国对剩余利润征税。该提案的起草者承认，这相对于目的地现金流量税而言倒退了一大步，主要是因为 2016~2017 年的事件表明，由于进口商的反对，目的地现金流量税很难实施。

目的地现金流量税除了政治因素之外，还有严重的问题。目的地现金流量税与基于销售的公式分配法之间的主要区别在于，在目的地现金流量税下，需要征收边境税，因为需要对进口商品和服务征收所得税，同时对出口商品和服务免征所得税。支持者和观察人士认为，目的地现金流量税相当于一种扣除工资的增值税。而且，就像之前所说的那样，这种税除了有其他缺陷之外，还不符合世贸组织的规则。此外，由于工资扣除、增值税不存在退税，方案会存在问题。实际上，很多出口商都有可能出现亏损，而且如果没有全额亏损弥补，它们会有很强的动机去实施低效并购。

美国共和党多数派和白宫未能在 2017 年通过目的地现金流量税法案，就证明上述问题令人担忧；同时也表明，对美国来说，这项税收不是一个可行的单边改革方案。来自沃尔玛（Walmart）和塔吉特（Target）等进口商的反对，注定了目的地现金流量税的失败。

《迈向21世纪的国际税收制度》认为，对于美国来说，基于销售的公式分配法有很多优势。首先，它非常适合复杂、全球化、技术先进的经济形态。与独立交易原则不同，独立交易原则假设公司在集团整合时赚取的利润与正常交易时相同，基于销售的公式分配法承认跨国公司赚取额外的利润，由于跨国公司的生产流程是全球性的，所以这些利润不容易（甚至抽象地）被归于特定国家。虽然人们早就认识到，市场供需双方都创造价值，但衡量需求要比衡量供给容易得多。供给侧价值的来源日益模糊，因为它不仅仅是由机器和劳动创造的，无形资产和用户数据（在数字经济中）也创造价值。

支持基于销售的公式分配法的一个至关重要的理由在于，它减少了税收竞争压力。由于在该制度下利润转移已经停止，客户流动性小，所以企业通过调整业务来减少纳税义务的能力有限，保留了政府在不必担心税基侵蚀的情况下按预期税率征税的能力。相比之下，在公平原则下，收入来源不明会带来很多避税机会，公司也非常乐意安排财务把收入登记在税率最低的地区，这样就会产生完全没有国籍的收入（因此也就不用交税）。美国财政部2016年国别数据库报告的外国收入中，22% 被归类为无国籍，另有 37% 被归类为已知的低税率避税天堂。

当然，也有人反对基于销售的公式分配法。他们认为，基于销售的公式分配法会使收入过多地从发展中国家向拥有富裕市场的国家倾斜。然而，必须指出的是，较不发达国家因公司避税和利润转移而造成的收入损失（占国内生产总值的份额）甚至比发达国家更大，因此，它们特别受益于遏制利润转移的提案，特别是那些易于实施的提案。

支持多因素公式分配法的人可能会搞政治平衡，倾向于认为市场地比生产地更多地受益于基于销售的公式分配法，因此另一种方法是倾向于使用多因素公式。一个可能的折中方式是将市场地和生产地的权重都定为 50%，同时结合使用薪资和员工人数来控制生产。尽管如此，在没有就理想的分配公式达成国际协定的情况下，对多因素公式的关注点在于这些公式可能更难在各国之间达成一致意见。美国的经验表明，各州都有很强的动机来增加销售因素的权重，这通常是为了回应本土生产企业的游说。当然，如果不同的国家采用不同的计算方法，就会产生双重征税或双重不征税问题。

《迈向 21 世纪的国际税收制度》最后指出，虽然多边达成共识通过公式分配法是最理想的，但美国应重点考虑单边通过，因为多边通过较难实现。正如鲁文 · 阿

维 - 约纳在《全球经济中的公司税改革：采用公式分摊法的建议》中阐述的，美国单方面采用就能迫使其他国家采用，如果其他国家不采用，它们的跨国公司将把业务（和利润）转移到美国。这不会改变跨国公司在美国（因为不改变美国销售额）或第三国（因为没有常设机构）的纳税义务，但会减少在其他国家的纳税额。如果其他国家不采用，在美国进行跨境销售的跨国公司比未在美国进行销售的跨国公司享有税收优势。同时，所有进入美国市场的跨国公司都要缴纳美国相关税收。由此，将带来 21 世纪稳定的国际税收制度。

【参考文献】

[1]Avi-Yonah, Reuven S., Clausing, Kimberly A.. Toward a 21st-Century International Tax Regime. Tax Notes International, Aug. 26, 2019, pp. 839-849., U of Michigan Public Law Research Paper No. 656, U of Michigan Law & Econ Research Paper No. 20-001. Available at SSRN: https://ssrn.com/abstract=3488779.

[2]Avi-Yonah, Reuven S., Clausing, Kimberly A.. A Proposal to Adopt Formulary Apportionment for Corporate Income Taxation: the Hamilton Project (April 2007). U of Michigan Law & Economics, Olin Working Paper No. 07-009, U of

Michigan Public Law Working Paper No. 85. Available at SSRN: https://ssrn.com/abstract=995202 or http://dx.doi.org/10.2139/ssrn.995202.

【评述】

案例 25 和案例 26 主要是站在美国的立场上提出了应对数字经济挑战的两个观点。无论是选择基于销售的剩余利润公式分配法还是全球利润公式分配法而非目的地现金流量税来划分税权，两种方式都能够减少有避税动机的美国境外就业和投资转移，保护美国的税基；相较于目的地现金流量税来说，基于销售的全球利润公式分配法在实践中更容易操作，也更能够适应当前复杂多样的数字经济环境，同时该方法能够减缓税收竞争的压力，有望达成多边共识。但是基于销售的全球利润公式分配法会使收入过多地从发展中国家向拥有富裕市场的国家倾斜，因此可能会给发展中国家带来税收损失。另外有观点认为，相较于达成多边共识，由美国这样的大国来优先推行单边改革，在实践上更具可行性，因为多边共识在短时间内难以实现，而美国推行单边改革既符合大多数国家的利益，又能在一定程度上推动其他国家的税改。

案例 27　税收正义者：呼吁建立全球单一税制

索尔·皮乔托（Sol Picciotto）是英国兰卡斯特大学（Lancaster University）荣誉退休教授、税务正义联盟（Tax Justice Network）的高级顾问，2012 年发表了《跨国公司征税走向单一税制》（Towards Unitary Taxation of Transnational Corporations），主张建立资产、就业、销售等要素参与的全球单一公式分配法税制。2019 年，索尔·皮乔托等在《国际公共服务》（Public Services International，PSI）上发表《跨国公司征税：一种新方式》（Taxing Multinationals：A New Approach）（以下简称《一种新方式》），继续深入阐述全球单一税制。

《一种新方式》认为，目前，对跨国企业征税的规则是基于近一百年前确立的原则：在互联网、移动电话、计算机革命和喷气式飞机发明之前。卢森堡税务泄密和巴拿马文件泄露等丑闻，以及越来越多的关于苹果公司和谷歌等缴纳极少税款的报道，暴露了这些过时的规则无法对现代跨国公司征收足够税款的问题。确定跨国公司税规则是国际化的一个重要组成部分，可以加强各国之间的合作，确保世界经济的公平，释放真正的竞争活力，以确保可持续增长。

问题的核心是，自从国际税收原则确立以来，经济发生了巨大变化。该原则的基础是“独立交易原则”，这是一个奇怪的概念，即由同一家跨国公司控制的法律实体针对相互之间的交易定价，就好像它们是独立的市场交易（即独立交易），它们的法律拟制是现行规则的基础，而现行规则忽视了跨国公司作为全球企业运营的经济现实，它侧重于根据本国的账户对其在每个国家的法律实体征税，而不考虑公司集团中的其他实体。

《一种新方式》认为“独立交易原则”在20世纪20年代也许是合适的，那时的公司结构要简单得多。就像我们可以通过在码头上一袋袋地数谷物，明确地估计它们的市场价值。相比之下，现代跨国公司则利用商业服务、品牌和其他知识产权以及债务融资等无形投入，通过在许多国家实施多种投入创造超级利润或租金，因此，其整体收益远远大于各部分的总和。

跨国公司搭建复杂的企业结构和管理内部利好业务转移的能力是它们将利润转移到低税收国家的核心能力体现。但是跨国公司不是独立企业的集合，它是作为一个全球性公司集中协调各种职能。跨国公司拥有面向消费者的全球品牌和统一的账户，以一家全球性公司的名义向投资者提供利润报告。然而，出于税收目的，我们希望做出这样一种假设，即它们是独立实体的集合，这些独立实体独立运作，并分别征税。

《一种新方式》指出，这些原则不能确保跨国公司在其经济活动发生的国家支付合理的税收。它们让跨国公司在不理性的动机下，形成复杂而低效的公司结构，从而最小化税负。信息不对称使税务局在试图搞清跨国公司复杂的结构设置时处于劣势，因为公司更了解自己的商业模式和行业整体。这些原则的实施也依赖于主观判断，给业务发展带来冲突和不确定性。

至关重要的是，数字企业有能力将当前原则下有利于避税的公司结构推向极致。爱彼迎（Airbnb）、亚马逊和优步（Uber）等数字企业可以通过创造大量免税的离岸收入成长起来，并占据主导地位。它们破坏了实体经济，削弱了当地纳税企业主的实力，形成了一种基于临时工作的低工资经济。

《一种新方式》给出的答案很简单，那就是将每一家跨国公司作为一个单一实体征税——“单一原则”。公司可以按照自己的意愿设置自己的结构，因为每个国家就根据公司的实际业务地址对它们的全球利润总额征税。

这种简单的范式消除了公司将利润转移到避税天堂的机会，将惠及除避税者和避税天堂以外的所有各方。它确保:（i）优秀的公司纳税人与把现行规则当作避税伎俩的纳税人相比，不会在竞争中处于不利地位;（ii）本地企业与外国公司相比不具有竞争劣势;（iii）要缴纳增值税的消费者或通过 PAYE 缴纳所得税的工人不会再承担超过必要税款的部分；（iv）健康保护制度和学校等公共服务可以获得充足的资金。

《一种新方式》认为其提议的对跨国公司征税的新方式结合了原则性和实用主义，对纳税人和税务机关都是公平的，而且实施起来很简单，透明度高。首先，采用单一企业原则，可以替代跨国公司设置多家相互独立的子公司的不合理措施。其次，收入和税收的分配将取决于创造利润的基本因素：劳动力、资本和销售情况，这将平衡运营因素（员工、实物资产和适当的用户）和第三方销售（没有这些就无法实现利润）之间的利益。再次，税务管理部门将认真分析不同行业和部门以及常用商业模式两个因素，与有代表性的商业团体合作和协商，切实制定标准化的分配因素及权重。这些关键因素和权重具有可反驳性和灵活性，有权依法提出申诉，以确保透明度和公平性。最后，分配关键点及其量化方法必须是客观可衡量的和特定地点的，仅使用反映有关国家实际资产、活动和销售的物理因素。

《一种新方式》认为，英国可以在创建一套新的国际标准方面发挥主导作用，这套标准对企业而言更公平、更容易理解、更确定、更可预测，而且更容易实施，成本也更低。现在我们需要的是解决问题的政治意愿，以及建立一个适合 21 世纪体系的国际领导力。

【参考文献】

[1]Sol Picciotto, Daniel Bertossa. Taxing Multinationals: a New Approach. Public Services International. 2019.10. https://publicservices.international/resources/publications/taxing-multinationals-a-new-approach?id=10364&lang=en.

案例 28　全球单一税制（Unitary Taxation）评论

适用国际税收规则时，共同拥有和控制下的公司应被视为单一企业。目前国际税收制度受到不一致和矛盾原则的困扰，采纳单一企业原则有助于在国际税收制度中形成更大的一致性。

这将消除现行规则下跨国公司创造复杂架构的动机，避免其通过分割职能将风险管理、财务和研发等关键活动分配给低税收实体来实现税收最小化。试图将子公司视为独立公司对于评估和分配跨国公司利润是不恰当和不安全的。

跨国公司应向其股东报告集团合并账户情况，税务机关也应该从其合并全球利润作为出发点。接下来的问题是，这些利润应该如何在它们开展商业活动的国家之间进行分配。但是，试图按适当的比例将利润分配给每一个独立的子公司是错误的起点。

取消独立实体推定假设，大大有助于解决应税主体存在的问题，因为事实上即使是高度数字化的跨国企业，在拥有大量市场份额的管辖区内也确有子公司。比如拥有大量客户的线上市场（如亚马逊）在其主要客户所在国拥有订单履行和交付能力。即使是社交媒体平台和搜索引擎（如 FaceBook、谷歌），它们通常通过定向广告将用户群价值货币化，通常也会在当地设立办事处或派遣人员与广告客户打交道。

税收的评估和征收都应该将跨国公司作为单一企业对待。由于 BEPS 改革迄今为止的局限性，一些国家已经采用这一原则加强它们现有的短期措施。然而，一个长期的解决方案是修订税收协定规则，按照印度和欧盟委员会提出的、正在 BEPS 项目中审议的关于显著经济存在的建议，扩大常设机构的定义。

印度和 24 国集团以及欧盟委员会也提出了类似的概念，英国可以通过提交一份清晰而精心设计的提案进行强力干预。虽然指望迅速达成全球单一税制的共识是幼稚的，但是各国应该而且能够发挥带头作用并以协调一致的方式找到解决办法。每个国家都可以考虑自己的立场，设计和采取有助于实现我们提出的多边方案的措施。这将远比英国迄今采取的单边措施更具建设性，因为英国的措施是片面的，无法为实施一个国际方案铺平道路。

印度已主动采取了措施，它修订了国内立法，为数字化的跨国公司设立了新的征税门槛，并进一步提出了基于部分利润分配的利润分配新规则。这些都是精心设计的，以符合税收协定条款。2017 年的美国国际税收改革也旨在更紧密地与统一的国际方案保持一致，在将公司税率降至 21% 的同时，还采取了反避税措施，以确保跨国公司和国内企业之间的平等。事实上，美国新的反税基侵蚀税（GILTI）背后的理念已经在一项由德国和法国发起、目前正由 OECD 实施的《全球最低税提案》中得到应用。

对单一税制的一个批评是，它会与现行的双重征税协定产生冲突。然而，单一企业原则可以被视为与现有税收协定规则相兼容的方式。税收协定第九条的基本规则允许调整跨国企业子公司的账户，以确保它们的利润与独立企业的利润一致。就像有时假设的那样，该规则并不是要求每个子公司都要被单独评估，相反，其目的始终是确保跨国公司作为一个整体将在世界范围内的收入得到公平合理的分配。

事实上，越来越多的证据表明，《OECD 转让定价指南》解释的独立交易原则并未将利润归属于与独立企业类似的跨国公司的子公司。因此，完全有理由——甚至有必要——取消国内税收规则中关于将收入单独归属于跨国公司子公司的任何要求，只需调整子公司间进行的交易。

从长远来看，条约文本应通过协议进行修订，以更明确地阐明统一原则。然而，与此同时，重要的是使该体系走上新的改革道路，并引入可被视为符合现有条约义务的措施，即使这些措施需要改变国内法和不具有强制约束力的国际法。即使是引入一个有争议的假设，即在共同所有权和控制权下的公司集团的收入分配应通过公式分配法进行，这仍然与现有的税收协定规则是一致的。

必须说，采用全球单一税制会有多个好处。

首先，它将增加除避税天堂以外的所有国家的公司税收。增加的程度取决于用于分配的因素，但所有相关国家都将受益于一个能平衡生产要素（特别是就业）和消费（销售）的公式。由于数据来源的限制，以及由于对跨国公司未来决策尤其是投资地点决策的影响而难以确定动态效应，不可能有更广泛的估计。然而，国际货币基金组织最近的一项研究估计，全球税收总增幅在3%~14%。对税收、投资和商业的影响也表明，除了避税天堂外，所有国家都将受益。

其次，它将在跨国公司和国内企业之间创造更大的竞争平等。例如，书店可以更平等地与亚马逊竞争，出租车司机可以与Uber竞争，小酒店可以与大型连锁酒店和Airbnb竞争。有大量越来越多的证据表明，现行规则的功能失调造成了大型跨国公司和中小型国内企业在纳税方面的巨大差异。

再次，它可以比现有体系更有效地实现税收增长。独立交易原则需要大量的行政资源，因为它本质上要求对所有跨国公司进行详细的单独审计，却不能保证税收公平。到目前为止，为遏制这些损失而采取的单边措施已经收回了一些收入，但更多的收入被用于企业税收优惠，而这些临时性的权宜措施需要大量额外的人力资源。英国税务及海关总署无法投入大量熟练员工来监控有缺陷的规则的执行情况，同时还面临着用更少的员工做更多事情的压力。

最后，大多数跨国公司都将受益于全球单一税制，因为它可以提供更大的可预测性和确定性。这也将大大降低其合规成本，尽管这意味着它们雇用国际税务和转让定价顾问的数量将大幅减少。

最重要的是，根据更清晰、更公平和更透明的规则对跨国公司征税，将极大地提高所有纳税人的道德感，给投资和就业创造一个更健康的环境。

【参考文献】

[1]Sol Picciotto, Daniel Bertossa. Taxing Multinationals: a New Approach. Public Services International. 2019.10.

【评述】

案例 27 和案例 28 主要是站在欧洲的角度围绕单一税制展开讨论。单一税制是指将跨国公司视为单一的主体来计算利润的分配，而不是按照独立交易原则将各子公司视为独立的公司进行利润分配，原因是在数字化和全球化的环境下，由于公司之间的协同作用，集团整体的利润往往高于各公司单独计算的利润额之和。总的来说单一税制顺应了全球经济发展的趋势，有助于建立更加公平稳定的国际竞争环境。

九 数字经济时代税制改革的未来*

通过上述案例可知，许多国家和地区为了应对数字经济带来的挑战，提出或实施了多种税收改革的方案来维护本国的税收利益，但是国际数字经济是多方参与的，单边博弈并不能带来长期的利益，因此从可持续的角度来说，需要在数字经济的国际税收问题上达成多边共识。OECD 推出的支柱一方案，汲取了美国在公式分配法上的应用以及英国牛津大学 Michael P. Devereux 教授团队在数字经济税收改革上的理念，有望在 2021 年达成多边共识；与此同时，联合国的 12B 方案也在紧锣密鼓地推进，

* 本部分成文于 OECD“双支柱”方案和联合国方案达成之前。虽然在本书付印之时上述方案已经达成，但是为了保持讨论的连续性，编著者没有调整本部分的分析逻辑。

希望在2021年的4月下旬推出最终的方案。不论这些方案是否能够最终落地实行，国际税收向前改革的脚步不会停止，而这样的变化将是国际税收近百年历史中的一个巨大转折。

案例29 联合国：关于数字经济的税收解决方案

2020年10月29日闭幕的联合国国际税务合作专家委员会（The UN Committee of Experts on International Cooperation in Tax Matters）第21届会议投票决定，将拟议的12B方案纳入《联合国发达国家和发展中国家双重征税示范公约》（即通常所说的UN税收协定范本）作为一项新的可选择条款，赋予自动化数字服务提供商客户所在的国家以额外的征税权。作为联合国专家委员会与数字化相关的税务战略小组委员会（UN Committee of Expert's Subcommittee on Tax Challenges Related to the Digitalization）的协调员，Fowler和Roelefsen表示，专家委员会将在2021年4月举行的第22届会议上对范本的最终文本和评注进行投票。在第22届会议之前将举行一系列小组委员会会议，并邀请观察员参加2020年12月的会议。

根据拟议的12B方案，来自自动化数字服务的收入，可以在客户所在的国家征税，即使提供服务的公司在那里没有固定的营业地址。12B方案对"自动化数字服务收入"的定义如下：服务提供商以尽可能少的人为参与的方式在互联网或电子网络上提供的任何服务收取的任何报酬。自动化数字服务的定义非常广泛，包括在线广告服务、在线搜索引擎、社交媒体平台、在线游戏和云计算服务等。

12B 方案对自动化数字服务收入的征税权部分地从居住国（主要是发达国家）转移到市场管辖区（主要是发展中国家）。如果将这一方案添加到双边税收协定中，相关发展中国家可通过对来自自动化数字服务的收入征收预提税来实现其国内征税权。

与《实施税收协定相关措施以防止税基侵蚀与利润转移（BEPS）的多边公约》（Multilateral Convention to Implement Tax Treaty Related Measures to Prevent Base Erosion and Profit Shifting）的规定不同，经济合作与发展组织的多边工具（Multilateral Instrument, MLI）规定在各国无须与各税收协定伙伴达成一致意见即可更改整个税收协定的情况下生效，而 12B 方案的实施需要缔约国重新进行谈判并就税收协定的修订达成一致意见。与经济合作与发展组织的方法比较，12B 方案下的自动化数字服务概念在很大程度上以经济合作与发展组织关于支柱一方案的报告为基础。联合国和经济合作与发展组织处理数字化经济的方法的一个重大区别是，除了涵盖提供自动化数字服务的企业外，经济合作与发展组织的支柱一方案还涵盖面向消费者的企业。12B 方案似乎不包括面向消费者的企业，即直接销售商品和服务给消费者的企业。此外，支柱一方案的范围仅限于合并收入至少为 7.5 亿欧元的跨国公司，设定该门槛是为了降低较低阈值企业的合规负担，这些负担可能超过将征税权转移到市场管辖区的潜在好处。UN 税收协定范本没有规定这一门槛。然而，有的国家也承认，不设置门槛可能会给一些公司带来不合理的行政负担。

【参考文献】

[1]Julie Martin. UN to Add Automated Digital Services Article to Model Tax Treaty[EB/OL]. https://mnetax.com/un-to-add-automated-digital-services-article-to-model-tax-treaty-41279.2020-11-09.

[2]Jian-Cheng Ku, Xander StubenrouchUN. UN Tax Committee to Consider Adding New Automated Digital Services Article to Model Convention[EB/OL].https://mnetax.com/un-tax-committee-to-consider-adding-new-automated-digital-services-article-to-model-convention-40720.2020-11-09.

[3]Daniel Bunn.The UN Approach on Digital Taxation[EB/OL]. https://taxfoundation.org/un-tax-committee-un-digital-services-tax/. 2020-11-09.

【评述】

尽管目的是解决同一问题，但是由于主体立场和利益的不同，其依据的原则和解决的重点也有所不同。联合国的 12B 方案首先是出于避免双重征税和双重不征税的考虑，另外考虑到各国特别是发展中国家的税收征管条件和企业发展状况，联合国在制定条款时还尽可能地要求其操作的简便性以及分配的公平性和确定性。

案例 30　OECD 双支柱方案：未来是否可期？

2020 年 10 月 12 日，经济合作与发展组织（OECD）税收政策负责人帕斯卡尔·圣阿芒（Pascal Saint-Amans）宣布，原本预计在 2020 年底达成协议的全球数字经济征税谈判将延期至 2021 年年中，在签署任何协议之前，仍须克服重大的政治分歧，特别是在将哪些公司纳入新政以及规则是否具有强制性等方面分歧较大。

经济合作与发展组织、二十国集团支持的 BEPS 包容性框架在 2020 年 10 月 8~9 日的会议上一致认为，它们自 2019 年以来一直在发展的两大支柱方案为未来的协议奠定了坚实的基础。该框架将 137 个国家和税收管辖区平等分组，进行国际税收规则的多边谈判。包容性框架成员认为谈判因新冠肺炎疫情和政治分歧而放缓，当日发布的两大支柱方案蓝图反映了对未来协议的关键政策特征、原则和参数的一致看法，确定了仍存在意见分歧的剩余的政治和技术问题，以及多边进程需要推动的下一步措施。

与会者通过了《支柱一蓝图报告》（Report on Pillar One Blueprint），供公众讨论。该蓝图将确立“经济关联原则”和国家间分享征税权的新方式，目的是确保数字跨国公司在开展持续和重要业务时在市场国纳税，即使它们没有实体存在。与会者还通过了《支柱二蓝图报告》（Report on Pillar Two Blueprint），供公众讨论，该蓝图将引入全球最低税，帮助世界各国解决与跨国公司税基侵蚀与利润转移有关的剩余问题。OECD 表示，缺乏基于共识的解决方案可能导致单边数字服务税增加，并增加破坏性的税收和贸易争端，这将损害税收的确定性和投资的进行。在最坏的情况下——全球单边数字服务税将引发全球贸易战——不能达成协议可能会使全球国内生产总值每年减少 1% 以上。OECD 同时发布了一项新的《经济影响评估报告》（Economic Impact Assessment），分析正在讨论的两大支柱方案的综合效果。全球企业所得税收入的 4%，或每年 1000 亿美元的税收收入，可能来自支柱二方案下全球最低税的实施。分析还表明，通过支柱一方案，可以将 1000 亿美元重新分配给市场管辖区，以确保更公平的国际税收框架。

OECD 秘书长安吉尔·古里亚（Angel Gurría）说："很显然，在当前形势下，迫切需要新的规则来确保税收制度的公平和公正，并使国际税收结构适应新的和不断变化的商业模式。如果没有一个全球性的、基于共识的解决方案，进一步采取不协调的单边措施的风险不仅真实存在，而且与日俱增。我们必须将这项工作进行到底。"在全球经济已经遭受巨大痛苦之际，失败可能会让税收战演变成贸易战。作为针对经济数字化带来的税收挑战制定解决方案的持续工作的一部分，经济合作与发展组织/二十国集团BEPS包容性框架从2020年10月12日起征求公众对《支柱一蓝图报告》和《支柱二蓝图报告》的意见。关于蓝图的公众咨询会议将于2021年1月中旬通过在线会议举行。

【参考文献】

[1]International Community Renews Commitment to Address Tax Challenges from Digitalisation of the Economy[EB/OL]. https://www.oecd.org/tax/beps/international-community-renews-commitment-to-address-tax-challenges-from-digitalisation-of-the-economy.htm.2020-11-09.

[2]Tax and Digital: OECD/G20 Inclusive Framework on BEPS Invites Public Input on the Pillar One and Pillar Two Blueprints[EB/OL]. https://www.oecd.org/tax/beps/oecd-g20-inclusive-framework-on-beps-invites-public-input-on-the-reports-on-pillar-one-and-pillar-two-blueprints.htm.2020-11-09.

【评述】

新冠肺炎疫情的发生，使 OECD 双支柱方案的最终形成受到了影响，原本期望在 2020 年由 G20 领导人峰会通过，但最终推迟到了 2021 年。同时，美国总统更换也给欧美激烈博弈的改革前景增加了一些希望。时过境迁，当前美国的财政赤字压力急剧增大，国际环境日趋恶化，美国政策转向可能性增加，值得世界投入更多的关注。

案例 31　G20 财长会达成历史性协议

2021 年 7 月 10 日，二十国集团（G20）财政部长和央行行长第三次会议在意大利威尼斯闭幕，并发布公报称，已就更稳定、更公平的国际税收框架达成历史性协议。

公报指出，G20 集团支持跨国企业利润重新分配、设置全球最低公司税率等措施，并呼吁更多国家加入磋商。根据此前磋商，拟定中的最低公司税率为 15%，目前已有 132 个国家加入协议。

多家媒体分析认为，此举意在针对寻求避税的大型跨国公司。据估算，如果将这一税率设置为 15%，那么在全球层面每年能够多产生约 1500 亿美元的税收。这部分税收，将弥补因新冠肺炎疫情而造成的各国公共财政损失。

目前，中国已加入这一协议，并支持 15% 的全球最低税率。分析指出，由于协议可能排除银行、石油和保险等行业，再加上中国本身的税制情况，因此对中国企业的影响并不大。

全球最低税率指的是什么？

国际税收体系改革经历 8 年多谈判，2021 年 7 月初由经合组织（OECD）协调形成双支柱方案。支柱一方案是要确保包括数字产业在内的大型跨国企业在其所有实施商业活动并取得利润的市场缴纳公平的税额；支柱二方案则是通过设立全球最低公司税率来管控各国之间的财税竞争。

2021 年 7 月 10 日，G20 财长已表示支持这项改革，并且有 132 个国家签署了改革框架。“我们已经就一个更稳定、更公平的国际税收框架达成了一项历史性的协议。”最终公报中如此写道。

根据《华尔街日报》此前的解释，这项协议包含两大“支柱”，支柱一方案将推翻长期存在的国际税收原则。

传统意义上，企业应在生产价值的地方缴税，这指的是企业实体所在的地方。但是，随着跨国科技公司的兴起，专利和其他高流动性的知识产权也产生利益时，缴税地域的界限更难界定。

对此，七国集团（G7）曾提议，一些大公司的部分利润应该重新分配给消费它们产品和服务的国家。然后，这些国家对重新分配的利润进行征税。提议拟定，消费这些公司产品的国家，有权对超过 10% 的利润征收 20% 的税。

只有规模最大、利润最高的公司会受到影响，最多 100 家左右。标准普尔全球市场情报公司的数据显示，市值最大的 100 家公司包括苹果公司、沙特阿拉伯石油公司和伯克希尔·哈撒韦公司（Berkshire Hathaway Inc.）等巨头。不过，市值以外的指标也可以用来确定最大公司的范围。此外，政策游说者表示，他们预计一些行业，如银行和石油等，将被排除在名单之外，因为这些行业的收入流动性不强。

支柱二方案将对跨国公司的全球收入征收最低约15%的税。《华尔街日报》报道说，若协议被采纳，那么将降低跨国公司在避税港设立子公司的动机。

标准普尔全球市场情报公司的数据显示，过去5年里，在市值最大的100家公司中，每年都有24~36家公司的实际税率低于15%。

《华尔街日报》认为，这一协议可能意味着许多大型科技公司的整体税负将会增加，其中更多的款项可能流向欧洲国家，而流向美国的可能会减少。但另一方面，部分欧洲国家，如法国和德国等，支持向科技公司征收数字服务税，很多科技公司已经表示，它们愿意以更高的税率解除数字服务税的征收。

那么，这对苹果公司和Facebook这样的大型跨国科技公司影响如何呢？

苹果公司公布，截至2020年9月26日，其全球有效税率为14.4%，原因是受税率较低国家利润的影响。标准普尔全球市场情报公司的数据显示，此前五年，苹果公司申报的税率在16%~26%。Facebook则报告称，截至2020年12月30日，其实际税率为12.2%，但由于法院的一项裁决，2019年的实际税率为25.5%。

美国律师事务所Venable LLP的国际税务主席托马斯

（Friedemann Thommas）说，假设基本税率为 15%，那么一切都将取决于各国如何实施相关措施。而一些较小的国家，会有各种动机寻求保持“友好税法”。

“在我看来，这个协议不是革命性的，不会改变我们对跨国公司的看法，我不认为它会对跨国公司的实际税率产生影响”，托马斯说。“这将完全取决于这一提议的最终实施情况。”

目前，有部分国家（地区）反对或尚未加入这一税收改革协议框架，包括爱尔兰、爱沙尼亚、匈牙利、巴巴多斯、圣文森特和格林纳丁斯等。这些国家（地区）中的一部分以低税率吸引跨国公司前往注册。

但是，G20 财长已表示支持这项协议。美国财长耶伦表示，现在不能“失去这一势头”，她鼓励尚未加入的国家加入这一协议。

耶伦还称，提高企业税和全球最低税率将有助于各国为基础设施和教育等项目提供资金。

法国财政部长布鲁诺·勒梅尔称，这是百年一遇的“税收革命”机会，并补充道：“没有回头路可走。”

【参考文献】

[1]OECD. OECD Secretary-General Tax Report to G20 Finance Ministers and Central Bank Governors. July 2021. Paris,

www.oecd.org/tax/oecd-secretary-general-tax-report-g20-finance-ministers-july-2021.pdf.

[2]《G20 达成历史性协议：支持设定全球最低企业税率》，https://www.guancha.cn/internation/2021_07_11_597917_2.shtml.

【评述】

由于美国政府态度的转变，欧美很快达成妥协，双支柱方案获得 G20 财长会议的初步共识，但仍有待 G20 领导人峰会通过。无论 OECD 的双支柱方案在未来是否能够真正落地实施，其包含的多边主义理念和方法对于各国法律和协定的修订都具有重要的指导意义。当然，双支柱方案中存在的选择性设计和复杂的规则安排，仍然有待国际社会深入讨论和继续完善，推动数字经济国际税收改革形成更全面更持久的共识，以利于困境中的世界经济复苏和发展。

图书在版编目（CIP）数据

数字经济国际税收治理变革．案例、专题与评注篇 / 曹明星，王卫军，何杨编著．-- 北京：社会科学文献出版社，2022.7（2023.2 重印）

ISBN 978-7-5201-9107-4

Ⅰ．①数…　Ⅱ．①曹…②王…③何…　Ⅲ．①信息经济 - 国际税收 - 税收管理 - 研究　Ⅳ．① F810.423

中国版本图书馆 CIP 数据核字（2021）第 194962 号

数字经济国际税收治理变革：案例、专题与评注篇

编　　著 / 曹明星　王卫军　何　杨

出 版 人 / 王利民
责任编辑 / 陈凤玲
责任印制 / 王京美

出　　版 / 社会科学文献出版社・经济与管理分社（010）59367226
地址：北京市北三环中路甲 29 号院华龙大厦　邮编：100029
网址：www.ssap.com.cn
发　　行 / 社会科学文献出版社（010）59367028
印　　装 / 唐山玺诚印务有限公司

规　　格 / 开　本：889mm × 1194mm　1/32
印　张：6　字　数：102 千字
版　　次 / 2022 年 7 月第 1 版　2023 年 2 月第 2 次印刷
书　　号 / ISBN 978-7-5201-9107-4
定　　价 / 198.00 元（全三卷）

读者服务电话：4008918866